동영상으로 배우는

일본어 入門

모 세 종

(인하대학교 교수 · 언어학 박사)

語文學社

바야흐로 한국과 일본은 시공을 초월한 관계가 되었습니다.

지식정보화 사회로의 급속한 변화와 발전에 일본과 한국은 서로를 동시적으로 접하고 이해해야 하는 시대가 된 것입니다.

언어란 그 나라의 모든 정보를 담고 있는 저장고와 같습니다. 바른 언어의 이해 없이 그 나라를 이해한다는 것은 매우 어렵습니다. 언어의 습득과 생활체험으로 얻어지는 지식과 정보이어야 만이 객관성을 유지할 수 있는 것입니다. 그런 의미에서 일본어공부는 일본을 바르게 알고 이해하며, 나아가 일본을 체험하는데 절대 필요한 선결조건입니다. 일본어를 바르고 깊게 알면 알수록 일본에 대한 이해는 깊어지는 것입니다. 일본어를 잘 모르는 자들의 일본이해가 얼마나 편향적이고 주관적인가는 일본인과의 만남이나 일본 체험을 통해 쉽게 알 수 있습니다.

본 『일본어 입문』은 일본어의 발음에서부터 문법내용에 이르기까지 일본어 학습을 시작하는데 꼭 필요한 사항을 아주 알기 쉽고 자세하며 체계적으로 꾸민 입문서입니다. 쉬운 몇 마디만으로 의사소통을 할 수는 없는 것이 외국어이기에, 쉬운 내용이지만 알아야 할 사항은 빠짐없이 제시하여 알찬 입문서로 만들었습니다.

대학에서 일어를 전공한 자와 그렇지 않은 자와의 일본어 능력은 매우 다릅니다. 이는 좋은 교재와 강의가 없기 때문일 것입니다. 본서는 일본어를 처음 접하는 분들에게, 제가 대학 강단에서 가르치는 내용과 동일하게 동영상강의를 통해 학습할 수 있도록 만들었습니다. 대학에서의 전문적인 강의를 이젠 이 교재를 통해 접할 수 있습니다. 일본어교육의 전문가로서 일본어를 공부하는 분들에게 바르고 정확한 지식을 알기 쉽고 재미있게 설명하고 있습니다.

일본어공부는 읽는 것이 중요합니다. 계속하여 따라서 읽어야 합니다. 똑같은 것을 여러 번 반복하여 공부하십시오. 본서의 내용을 샅샅이 꿸 수 있을 때까지 반복하십시오.

저자는 여러분의 효율적인 일본어학습을 위해 계속 정진할 것입니다.

2006. 2.

저자 모 세 종

일본어의 문자와 발음

1. 일본어 표기

일본어는 한자(漢字)와 한자에서 만들어진 카나(仮名)로 표기한다. 카나에는 <히라가나>와 <카따까나>의 두 가지가 있으며 구별하여 사용하는 것이 원칙이다.
 1) 한자(漢字) : <음독> <훈독>
 2) 카나(仮名) : <히라가나> <카따까나>

2. 오십음도(五十音圖)

오십음도란 일본어의 음을 자음과 모음의 관계 속에서 규칙적으로 배열한 기본음절표로, 일본어의 문자를 익히기 위한 표와 같은 것이다. 오십음도는 50음이어야 하지만, 유사모음의 합류 등으로 현재에는 45음의 표이다.

ひらがな

히라가나(平仮名：ひらがな)

고유어 등의 일반적인 표기에 사용

平仮名	あ단	い단	う단	え단	お단
あ행	あ	い	う	え	お
か행	か	き	く	け	こ
さ행	さ	し	す	せ	そ
た행	た	ち	つ	て	と
な행	な	に	ぬ	ね	の
は행	は	ひ	ふ	へ	ほ
ま행	ま	み	む	め	も
や행	や		ゆ		よ
ら행	ら	り	る	れ	ろ
わ행	わ				を

카 따까나 (片仮名 : カタカナ)   외래어나 문자 강조 등의 표기에 사용

片仮名	ア단	イ단	ウ단	エ단	オ단
ア행	ア	イ	ウ	エ	オ
カ행	カ	キ	ク	ケ	コ
サ행	サ	シ	ス	セ	ソ
タ행	タ	チ	ツ	テ	ト
ナ행	ナ	ニ	ヌ	ネ	ノ
ハ행	ハ	ヒ	フ	ヘ	ホ
マ행	マ	ミ	ム	メ	モ
ヤ행	ヤ		ユ		ヨ
ラ행	ラ	リ	ル	レ	ロ
ワ행	ワ				ヲ

※ 일본어 문자는 오십음도상의 문자가 기본이지만, 외에도 탁음 요음 促音(っ) 撥音(ん)을
  나타내는 문자가 있으며, 카따까나에서는 장음부호인 'ㅡ'도 하나의 문자이다.

같은 자음(子音)이나 성격이 같은 모음(母音)들의 모음을 행이라 한다. 오십음도상에는 청음의 10행이 있고, 기타 탁음 반탁음의 5행이 있다.

단(段)

모음(母音)이 같은 글자들의 모음을 단이라고 하며, 5개의 단이 있다.

	あ	か	さ	た	な	は	ま	や	ら	わ
あ단	あ	か	さ	た	な	は	ま	や	ら	わ
		が	ざ	だ		ば				
						ぱ				
い단	い	き	し	ち	に	ひ	み		り	
		ぎ	じ	ぢ		び				
						ぴ				
う단	う	く	す	つ	ぬ	ふ	む	ゆ	る	
		ぐ	ず	づ		ぶ				
						ぷ				
え단	え	け	せ	て	ね	へ	め		れ	
		げ	ぜ	で		べ				
						ぺ				
お단	お	こ	そ	と	の	ほ	も	よ	ろ	を
		ご	ぞ	ど		ぼ				
						ぽ				

3. 일본어 문자

히라가나(平仮名)로 본 일본어 문자

● 청음

平	～	k	s	t	n	h	m	y	r	w
a	あ	か	さ	た	な	は	ま	や	ら	わ
i	い	き	し	ち	に	ひ	み		り	
u	う	く	す	つ	ぬ	ふ	む	ゆ	る	
e	え	け	せ	て	ね	へ	め		れ	
o	お	こ	そ	と	の	ほ	も	よ	ろ	を

● 탁음

g	z	d	b
が	ざ	だ	ば
ぎ	じ	ぢ	び
ぐ	ず	づ	ぶ
げ	ぜ	で	べ
ご	ぞ	ど	ぼ

● 반탁음

p
ぱ
ぴ
ぷ
ぺ
ぽ

きゃ	ぎゃ	しゃ	じゃ	ちゃ	ぢゃ
きゅ	ぎゅ	しゅ	じゅ	ちゅ	ぢゅ
きょ	ぎょ	しょ	じょ	ちょ	ぢょ
にゃ	ひゃ	びゃ	ぴゃ	みゃ	りゃ
にゅ	ひゅ	びゅ	ぴゅ	みゅ	りゅ
にょ	ひょ	びょ	ぴょ	みょ	りょ

● 발음　● 촉음

ん	っ

카따까나(片仮名)로 본 일본어 문자

청음

片	~	k	s	t	n	h	m	y	r	w
a	ア	カ	サ	タ	ナ	ハ	マ	ヤ	ラ	ワ
i	イ	キ	シ	チ	ニ	ヒ	ミ		リ	
u	ウ	ク	ス	ツ	ヌ	フ	ム	ユ	ル	
e	エ	ケ	セ	テ	ネ	ヘ	メ		レ	
o	オ	コ	ソ	ト	ノ	ホ	モ	ヨ	ロ	ヲ

탁음

g	z	d	b
ガ	ザ	ダ	バ
ギ	ジ	ヂ	ビ
グ	ズ	ヅ	ブ
ゲ	ゼ	デ	ベ
ゴ	ゾ	ド	ボ

반탁음

p
パ
ピ
プ
ペ
ポ

キャ	ギャ	シャ	ジャ	チャ	ヂャ
キュ	ギュ	シュ	ジュ	チュ	ヂュ
キョ	ギョ	ショ	ジョ	チョ	ヂョ
ニャ	ヒャ	ビャ	ピャ	ミャ	リャ
ニュ	ヒュ	ビュ	ピュ	ミュ	リュ
ニョ	ヒョ	ビョ	ピョ	ミョ	リョ

● 발음　　● 촉음

| ン | ッ |

일본어의 발음

1. 모음

あ행   /あ・い・う・え・お/

あ행은 〔아/이/우/에/오〕에 가깝게 발음한다.

한글의 〔우〕는 입술을 둥그렇게 하여 앞으로 내밀며 발음하나, 일본어의 〔う〕는 입술을 작게 하여 그다지 내밀지 않고 발음한다. 그렇다고 〔으〕로 발음해서는 안 된다.

글 자	平仮名	あ	い	う	え	お
	片仮名	ア	イ	ウ	エ	オ
발 음	로마자	a	i	u	e	o
	한 글	아	이	우	에	오

〔あ〕 **あい**(아이 : 사랑)   **あさ**(아사 : 아침)

〔い〕 **いえ**(이에 : 집)   **いす**(이스 : 의자)

〔う〕 **うえ**(우에 : 위)   **うし**(우시 : 소)

〔え〕 **えさ**(에사 : 먹이)   **えり**(에리 : 소매)

〔お〕 **おに**(오니 : 귀신)   **おや**(오야 : 부모)

や行 /や・ゆ・よ/

や행은 〔야 / 유 / 요〕로 발음한다.

글자	平仮名	や	–	ゆ	–	よ
	片仮名	ヤ	–	ユ	–	ヨ
발음	로마자	ya	–	yu	–	yo
	한 글	야	–	유	–	요

〔や〕　やね(야네 : 지붕)　　　　やま(야마 : 산)
〔ゆ〕　ゆび(유비 : 손가락)　　　ゆめ(유메 : 꿈)
〔よ〕　よめ(요메 : 신부)　　　　よる(요루 : 밤)

わ行 /わ・を/

わ행은 〔와/오〕로 발음한다.

글자	平仮名	わ	–	–	–	を
	片仮名	ワ	–	–	–	ヲ
발음	로마자	wa	–	–	–	o
	한 글	와	–	–	–	오

〔わ〕　わし(와시 : 독수리)　　　　わに(와니 : 악어)
〔を〕　단어에는 사용하지 않고, 〔을/를〕과 같이 조사로만 사용된다.

2. 자음

か행 が행

✔ **か행** /か·き·く·け·こ/

か행은 어두와 어중·어미에 위치할 때의 발음이 다르게 나타난다.

어두 : 어두의 か행은 〔가/기/구/게/고〕를 강하게, 또는 〔카/키/쿠/케/코〕를 약하게
한 발음에 가깝다. 한국어의 〔ㄱ〕음이 〔g〕음으로도 발음되지만, 일본어에
는 〔g〕음으로 발음되는 문자가 따로 있어, 절대로 か행을 〔g〕음으로 발음
해서는 안 된다. か행은 〔g〕음으로 발음하기 쉬운 〔ㄱ〕음보다는 〔ㅋ〕음을
약하게 발음하는 편이 원음에 가깝다.

어중·어미 : 어중·어미의 か행은 〔까/끼/꾸/께/꼬〕에 가깝다. 〔ㅋ〕음으로 발음
하는 경우도 있지만, 〔ㄲ〕음을 약하게 발음하는 것이 원음에 가깝다.

글 자		か	き	く	け	こ
	平仮名	か	き	く	け	こ
	片仮名	カ	キ	ク	ケ	コ
발 음	로마자	ka	ki	ku	ke	ko
	한글 어두	카	키	쿠	케	코
	한글 어중·어미	까	끼	꾸	께	꼬

〔か〕　かね(카네 : 돈)　　おか(오까 : 언덕)

〔き〕　きず(키즈 : 상처)　　あき(아끼 : 가을)

〔く〕　くに(쿠니 : 나라)　　きく(키꾸 : 국화)

〔け〕　けさ(케사 : 오늘 아침)　　いけ(이께 : 연못)

〔こ〕　こい(코이 : 잉어)　　よこ(요꼬 : 가로)

✔ **が**행 /が・ぎ・ぐ・げ・ご/

が행은 〔ga/gi/gu/ge/go〕의 발음과 유사한 것으로, 〔가/기/구/게/고〕를 약하게 한 발음
에 가깝다. が행을 절대로 〔ㅋ〕이나 〔ㄲ〕음으로 발음해서는 안 된다.

글 자	平仮名	が	ぎ	ぐ	げ	ご
	片仮名	ガ	ギ	グ	ゲ	ゴ
발 음	로마자	ga	gi	gu	ge	go
	한 글	가	기	구	게	고

〔が〕　がけ (가께 : 벼랑)　　きが (키가 : 기아)

〔ぎ〕　ぎり (기리 : 의리)　　かぎ (카기 : 열쇠)

〔ぐ〕　ぐち (구찌 : 불평)　　かぐ (카구 : 가구)

〔げ〕　げた (게따 : 나막신)　　かげ (카게 : 그림자)

〔ご〕　ごみ (고미 : 쓰레기)　　まご (마고 : 손자)

メモ 

✔ さ행 /さ・し・す・せ・そ/

さ행은 [사/시/스/세/소]로 발음한다. [す]는 [스]에 가깝게 발음한다.

글 자	平仮名	さ	し	す	せ	そ
	片仮名	サ	シ	ス	セ	ソ
발 음	로마자	sa	si	su	se	so
	한 글	사	시	스	세	소

[さ]　さけ(사께 : 술)　　　　かさ(카사 : 우산)
[し]　しか(시까 : 사슴)　　　あし(아시 : 다리)
[す]　すし(스시 : 초밥)　　　おす(오스 : 수컷)
[せ]　せき(세끼 : 기침)　　　あせ(아세 : 땀)
[そ]　そこ(소꼬 : 바닥)　　　うそ(우소 : 거짓)

メモ

　ざ행은 〔자/지/즈/제/조〕에 가까우나, 〔사/시/스/세/소〕가 발음되는 위치에서 발음한다. 〔ス〕음은 혀가 입천장에 닿으나, ざ행은 혀가 〔ス〕음보다 약간 앞쪽에서 만들어지며 입천장에도 마찰하듯 살짝 닿으며 발음된다.

글자	平仮名	ざ	じ	ず	ぜ	ぞ
	片仮名	ザ	ジ	ズ	ゼ	ゾ
발음	로마자	za	zi	zu	ze	zo
	한글	자	지	즈	제	조

〔ざ〕　ざる (자루 : 소쿠리)　　　ひざ (히자 : 무릎)

〔じ〕　じこ (지꼬 : 사고)　　　にじ (니지 : 무지개)

〔ず〕　ずれ (즈레 : 차이)　　　きず (키즈 : 상처)

〔ぜ〕　ぜひ (제히 : 꼭)　　　かぜ (카제 : 바람)

〔ぞ〕　ぞう (조오 : 코끼리)　　　なぞ (나조 : 수수께끼)

 メモ

た행 だ행

✔ た행 /た・ち・つ・て・と/

✦ [た/て/と]

[た/て/と]는 か行음과 마찬가지로, 어두와 어중·어미에 위치할 때의 발음이 다르게 나타난다.

어두 : 어두의 [た/て/と]는 [다/데/도]를 강하게, 또는 [타/테/토]를 약하게 한 발음에 가깝다. 한국어의 [ㄷ]음이 [d]음으로도 발음되지만, 일본어에는 [d]음으로 발음되는 문자가 따로 있어, 절대로 [た/て/と]를 [da/de/do]로 발음해서는 안 된다. [た/て/と]는 [da/de/do]로 발음하기 쉬운 [ㄷ]음보다는 [ㅌ]음을 약하게 발음하는 편이 원음에 가깝다.

어중·어미 : 어중·어미의 [た/て/と]는 [따/떼/또]에 가깝다. [ㅌ]음으로 발음하는 경우도 있지만, [ㄸ]음을 약하게 발음하는 것이 원음에 가깝다.

✦ [ち]

[ち]의 발음은 한글 [치]에 가깝다. 일반적으로 어두에 위치하면 [치]에, 어중·어미에 위치하면 [찌]에 가깝게 발음한다. 하지만 어두에 위치한다 하더라도 간혹 단어에 따라서는 [찌]에 가깝게 들리는 경우도 있고, 드물게는 [지]에 가깝게 들리는 경우도 있다. 이 모두 [ち]의 발음으로 알아들을 수 있도록 주의해야 한다.

✦ [つ]

[つ]의 발음은 정확하지는 않지만 한글 [쯔]나 [쓰]에 가깝다. 굳이 말하자면 [쯔]에 보다 가깝다고 할 수 있다. 한글 [쯔]는, 혀끝의 약간 뒷부분을 앞니 뒤(이에는 닿지 않음)의 입천장에서 발음하나, [つ]는 혀끝을 앞니 뒷부분과 입천장 사이에 부쳤다가 떼며 발음한다. 한글 [쯔]는 [つ]에 비해 입천장의 약간 뒤쪽에서 나오는 발음으로, 앞니 뒷부분에 혀끝이 닿지 않으나, [つ]는 앞니 뒷부분에 혀끝이 닿는다.

글자		平仮名	た	ち	つ	て	と
		片仮名	タ	チ	ツ	テ	ト
발음		로마자	ta	chi	tsu	te	to
	한글	어두	타	치	쯔	테	토
		어중·어미	따	찌	쯔	떼	또

〔た〕　たけ(타께 : 대나무)　　　　いた(이따 : 판자)

〔ち〕　ちび(치비 : 꼬마)　　　　　みち(미찌 : 길)

〔つ〕　つき(쯔끼 : 달)　　　　　　いつ(이쯔 : 언제)

〔て〕　てら(테라 : 절)　　　　　　たて(타떼 : 세로)

〔と〕　とき(토끼 : 때)　　　　　　あと(아또 : 후)

メモ

✔ **だ행** /だ·ぢ·づ·で·ど/

✦ 〔だ/で/ど〕

〔だ/で/ど〕의 음은 〔da/de/do〕와 유사한 발음으로, 한글 〔다/데/도〕를 약하게 한 발음에 가깝다. 〔だ/で/ど〕를 절대로 〔타/테/토〕나 〔따/떼/또〕로 발음해서는 안 된다.

✦ 〔ぢ/づ〕

〔ぢ/づ〕의 음은 ざ행음의 〔じ/ず〕에 합류되었기 때문에 〔じ/ず〕의 음으로 발음한다. 따라서 현대어에서 〔ぢ〕와 〔づ〕의 표기를 사용하는 단어는 복합어나 몇몇 고유어밖에 없다.

글 자	平仮名	だ	ぢ	づ	で	ど
	片仮名	ダ	ヂ	ヅ	デ	ド
발 음	로마자	da	zi	zu	de	do
	한 글	다	지	즈	데	도

〔だ〕　だれ(다레 : 누구)　　　　まだ(마다 : 아직)

〔ぢ〕　はなぢ(하나지 : 코피)　　そこぢから(소꼬지까라 : 저력)

〔づ〕　てつづき(테쯔즈끼 : 수속)　つづく(쯔즈꾸 : 계속되다)

〔で〕　でし(데시 : 제자)　　　　そで(소데 : 소매)

〔ど〕　どろ(도로 : 진흙)　　　　まど(마도 : 창)

メモ

な행은 〔나/니/누/네/노〕로 발음한다.

글 자	平仮名	な	に	ぬ	ね	の
	片仮名	ナ	ニ	ヌ	ネ	ノ
발 음	로마자	na	ni	nu	ne	no
	한글	나	니	누	네	노

〔な〕　なつ(나쯔 : 여름)　　　　しな(시나 : 물건)

〔に〕　にし(니시 : 서쪽)　　　　かに(카니 : 게)

〔ぬ〕　ぬの(누노 : 천)　　　　　いぬ(이누 : 개)

〔ね〕　ねこ(네꼬 : 고양이)　　　いね(이네 : 벼)

〔の〕　のど(노도 : 목)　　　　　つの(쯔노 : 뿔)

 メモ

は행 **ば**행 **ぱ**행

✔ **は**행 /は·ひ·ふ·へ·ほ/

は행은 기본적으로 〔하/히/후/헤/호〕로 발음한다. 〔ひ〕는 〔시〕에 가깝게도 들리며,
〔ふ〕는 아랫입술을 살짝 물듯하며 숨을 내뱉듯 발음한다.

글 자	平仮名	は	ひ	ふ	へ	ほ
	片仮名	ハ	ヒ	フ	ヘ	ホ
발 음	로마자	ha	hi	hu	he	ho
	한 글	하	히	후	헤	호

〔は〕 　はる(하루 : 봄)　　　　　 はは(하하 : 어머니)

〔ひ〕 　ひと(히또 : 사람)　　　　 まひ(마히 : 마비)

〔ふ〕 　ふね(후네 : 배)　　　　　 きふ(키후 : 기부)

〔へ〕 　へや(헤야 : 방)　　　　　 へそ(헤소 : 배꼽)

〔ほ〕 　ほね(호네 : 뼈)　　　　　 だほ(다호 : 나포)

✔ **ば**행 /ば·び·ぶ·べ·ぼ/

ば행은 〔바/비/부/베/보〕로 발음한다.

글 자	平假名	ば	び	ぶ	べ	ぼ
	片假名	バ	ビ	ブ	ベ	ボ
발 음	로마자	ba	bi	bu	be	bo
	한 글	바	비	부	베	보

[ば]	ばか(바까 : 바보)		はば(하바 : 폭)
[び]	ビル(비루 : 빌딩)		くび(쿠비 : 목)
[ぶ]	ぶた(부따 : 돼지)		かぶ(카부 : 주식)
[べ]	べに(베니 : 연지)		かべ(카베 : 벽)
[ぼ]	ぼろ(보로 : 누더기)		きぼ(키보 : 규모)

✔ ぱ행 /ぱ・ぴ・ぷ・ぺ・ぽ/

ぱ행은 〔빠/삐/뿌/뻬/뽀〕로 발음하는데, 〔파/피/푸/페/포〕로 발음하는 경우도 있다. 대게 고유어에는 〔ㅃ〕음으로 외래어에는 〔ㅍ〕음으로 발음한다.

글 자	平仮名	ぱ	ぴ	ぷ	ぺ	ぽ
	片仮名	パ	ピ	プ	ペ	ポ
발 음	로마자	pa	pi	pu	pe	po
	한글	빠	삐	뿌	뻬	뽀

[ぱ]	パイ(파이 : 파이)		パス(파스 : 패스)
[ぴ]	ピザ(피자 : 피자)		ピーク(피크 : 피크)
[ぷ]	プール(풀 : 풀)		プロ(푸로 : 프로)
[ぺ]	ページ(페지 : 페이지)		ペルー(페루 : 페루)
[ぽ]	ポーズ(포즈 : 포즈)		ポニー(포니 : 조랑말)

 メモ

29

ま행은 〔마/미/무/메/모〕로 발음한다.

글 자	平仮名	ま	み	む	め	も
	片仮名	マ	ミ	ム	メ	モ
발 음	로마자	ma	mi	mu	me	mo
	한 글	마	미	무	메	모

〔ま〕　まめ(마메 : 콩)　　　　　しま(시마 : 섬)

〔み〕　みそ(미소 : 된장)　　　　かみ(카미 : 종이)

〔む〕　むね(무네 : 가슴)　　　　じむ(지무 : 사무)

〔め〕　めす(메스 : 암컷)　　　　さめ(사메 : 상어)

〔も〕　もち(모찌 : 떡)　　　　　いも(이모 : 감자)

 メモ

ら행은 〔라/리/루/레/로〕로 발음한다.

글 자	平仮名	ら	り	る	れ	ろ
	片仮名	ラ	リ	ル	レ	ロ
발 음	로마자	ra	ri	ru	re	ro
	한 글	라	리	루	레	로

〔ら〕　らば(라바 : 당나귀)　　　むら(무라 : 마을)

〔り〕　りす(리스 : 다람쥐)　　　もり(모리 : 숲)

〔る〕　るす(루스 : 부재중)　　　さる(사루 : 원숭이)

〔れ〕　れつ(레쯔 : 열)　　　　　かれ(카레 : 그)

〔ろ〕　ろく(로꾸 : 육)　　　　　しろ(시로 : 성)

メモ

31

3. 요음

요음이란 い단 글자의 오른쪽 밑에 〔や/ゆ/よ〕를 작게 붙여 써서 만든 글자로, 그 발음은 い단음 자음과 〔や/ゆ/よ〕가 결합된 음이다.

きゃ	ぎゃ	しゃ	じゃ	ちゃ	ぢゃ	にゃ	ひゃ	びゃ	ぴゃ	みゃ	りゃ
캬	갸	샤	쟈	챠	쟈	냐	햐	뱌	뺘	먀	랴
きゅ	ぎゅ	しゅ	じゅ	ちゅ	ぢゅ	にゅ	ひゅ	びゅ	ぴゅ	みゅ	りゅ
큐	규	슈	쥬	츄	쥬	뉴	휴	뷰	쀼	뮤	류
きょ	ぎょ	しょ	じょ	ちょ	ぢょ	にょ	ひょ	びょ	ぴょ	みょ	りょ
쿄	교	쇼	죠	쵸	죠	뇨	효	뵤	뾰	묘	료

〔や〕   きゃく(캬꾸 : 손님)   しゃかい(샤까이 : 사회)

        みゃく(먀꾸 : 맥)   ひゃく(햐꾸 : 백)

〔ゆ〕   きゅうか(큐우까 : 휴가)   しゅみ(슈미 : 취미)

        ちゅうし(츄우시 : 중지)   いちりゅう(이찌류우 : 일류)

〔よ〕   きょか(쿄까 : 허가)   しょり(쇼리 : 처리)

        びょうき(뵤오끼 : 병)   りょこう(료꼬오 : 여행)

 メモ

4. 특수음

장음 (長音)

  일본어에서 단어의 발음이 장음인지 단음인지 하는 것은 단어를 식별한다고 하는 가장 기본적인 기능을 담당하고 있어, 장음단어를 단음단어로 발음하면 그 의미가 전달되지 않는 경우가 많다.

단	표기	용		례
あ	ああ	おか**あ**さん (오까아상 : 어머니)		お**ばあ**さん (오바아상 : 할머니) お**ば**さん (오바상 : 아주머니)
い	いい	お**にい**さん (오니이상 : 형/오빠)		お**じい**さん (오지이상 : 할아버지) お**じ**さん (오지상 : 아저씨)
う	うう	**くう**き (空気 : 공기) 쿠우끼	**すう**じ (数字 : 수자) 스으지	**つう**か (通過 : 통과) 쯔으까
		くき (茎 : 줄기) 쿠끼	**す**じ (筋 : 힘줄) 스지	**つ**か (塚 : 둔덕) 쯔까
え	ええ	お**ねえ**さん (오네에상 : 누나/언니)		
	えい	**えい**が (映画 : 영화) 에에가/에이가	**せい**かい (正解 : 해답) 세에까이/세이까이	**めい**が (名画 : 명화) 메에가/메이가
		えが (絵が : 그림아) 에가	**せ**かい (世界 : 세계) 세까이	**め**が (目が : 눈이) 메가
お	おお	**おお**い (多い : 많다) 오오이	**とお**り (通り : 통행) 토오리	**こお**り (氷 : 얼음) 코오리
		おい (甥 : 조카) 오이	**と**り (鳥 : 새) 토리	**こ**り (梱 : 꾸린 짐짝) 코리
	おう	**おう**じ (王子 : 왕자) 오오지	**こう**じ (工事 : 공사) 코오지	**そう**じ (掃除 : 청소) 소오지
		おじ (叔父 : 숙부) 오지	**こ**じ (孤児 : 고아) 코지	**そ**じ (素地 : 바탕) 소지

※ お의 장음 'おう'는 おお처럼 お를 길게 발음하는 것이 일반적이지만, え의 장음 'えい'는 ええ처럼 え를 길게도 발음하지만 えい로도 발음한다. カタカナ의 경우는 'ー'으로 장음을 나타내며 생략해서는 안 된다.

촉음(促音 : っ)

    촉음이란 〔つ〕를 작게 하여 카나의 오른쪽 밑에 붙여 사용하는 글자이다. 촉음은 뒤 글자의 자음요소에 의해 정해지는 발음으로 〔K : ㄱ〕〔t : ㄷ〕〔S : ㅅ〕〔P : ㅂ〕 등의 음가를 가지고 있다. 촉음의 발음은 촉음 다음 글자가 소리 나는 위치에서 한 박자 쉬듯 길게 발음한다.

발음	조 건	용	례
k	촉음 + カ行	さっか (作家 : 작가) 삭-까 しっけ (湿気 : 습기) 식-께	まっき (末期 : 말기) 막-끼 いっこ (一個 : 한개) 익-꼬
t	촉음 + タ行	じったい (実体 : 실체) 짇-따이 まっちゃ (抹茶 : 말차) 맏-쨔	きって (切手 : 우표) 긷-떼 よっつ (四つ : 넷) 욛-쯔
s	촉음 + サ行	いっさい (一切 : 일체) 잇-싸이 しゅっせ (出世 : 출세) 슏-세	ざっし (雑誌 : 잡지) 잣-시 いっそ (한층) 잇-소
p	촉음 + パ行	しっぱい (失敗 : 실패) 십-빠이 がっぺい (合併 : 합병) 갑-뻬에	ざっぴ (雑費 : 잡비) 잡-삐 しっぽ (꼬리) 십-뽀

발음(撥音 : ん)

발음[ん]은 촉음과 마찬가지로 뒤 글자에 의해 정해지는 발음으로, 〔ㅇ〕〔ㄴ〕〔ㅁ〕 등의 여러 음가를 가지고 있다. 촉음에서와 마찬가지로 발음[ん]도 이어지는 글자와의 관계 속에서 한 박자 쉬듯 길게 발음한다.

발음	조 건	용	례
ŋ	ん＋カ行	さんか(상-까 : 参加)	おんけい(옹-께에 : 恩恵)
	ん＋ガ行	まんが(망-가 : 漫画)	えんげき(엥-게끼 : 演劇)
	*ん＋ア行	はんい(항-이 : 範囲)	めんえき(멩-에끼 : 免疫)
	*ん＋ハ行	ぜんはん(젱-항- : 前半)	よんほん(용-홍- : 四本)
	*ん＋ヤ行	ほんや(홍-야 : 本屋)	みんよう(밍-요- : 民謡)
	*ん＋ワ行	かんわ(캉-와 : 緩和)	でんわ(뎅-와 : 電話)
	*〜ん(단독)	じかん(지깡- : 時間)	にほん(니홍- : 日本)
n	ん＋タ行	はんたい(한-따이 : 反対)	さんち(산-찌 : 産地)
	ん＋ダ行	もんだい(몬-다이 : 問題)	おんど(온-도 : 温度)
	ん＋ナ行	あんない(안-나이 : 案内)	ほんね(혼-네 : 本音)
	ん＋ラ行	ほんらい(혼-라이 : 本来)	かんり(칸-리 : 管理)
	*ん＋ザ行	げんざい(겐-자이 : 現在)	ばんじ(반-지 : 万事)
	*ん＋サ行	かんさい(칸-사이 : 関西)	かんし(칸-시 : 監視)
m	ん＋バ行	かんばん(캄-방- : 看板)	かんべん(캄-벵- : 勘弁)
	ん＋パ行	しんぱい(심-빠이 : 心配)	きんぴん(킴-삥- : 金品)
	ん＋マ行	さんまん(삼-망- : 散漫)	おんみつ(옴-미쯔 : 隠密)

※ 모음 앞에 오는 ん은 ㅇ받침으로 발음하지만, 그 발음은 매우 약하다. 특히 や行앞에서는 마치 모음처럼 들려, 한국어의 ㅇ받침 발음과는 매우 달라 주의해야 한다.

제 02 장

일본어의 표현

→ 01_ ここは かんこくです。

→ 02_ きのうは やすみでした。

→ 03_ キムチは おいしいです。

→ 04_ かのじょは きれいです。

→ 05_ いぬは こわくないです。

→ 06_ 会社は 電車で 行きます。

→ 07_ 書類は 会社に あります。

→ 08_ 家で テレビを 見ました。

→ 09_ 部屋で 本を 読んでいます。

→ 10_ 日曜日は 学校に 行かない。

01 ここは かんこくです。

(1) ここは 韓国_{かんこく}です。

▶ 여기는 한국입니다.

彼女_{かのじょ}は 友達_{ともだち}です。

▶ 그녀는 친구입니다.

(2) これが 問題_{もんだい}です。

▶ 이것이 문제입니다.

そこが 銀行_{ぎんこう}です。

▶ 그곳이 은행입니다.

(3) 彼_{かれ}は 学生_{がくせい}ではありません。

▶ 그는 학생이 아닙니다.

店_{みせ}が 一_{ひと}つではありません。

▶ 가게가 하나는 아닙니다.

ここ	여기
韓国_{かんこく}	한국
彼女_{かのじょ}	그녀
友達_{ともだち}	친구
これ	이것
問題_{もんだい}	문제
そこ	그곳, 거기
銀行_{ぎんこう}	은행
彼_{かれ}	그
学生_{がくせい}	학생
店_{みせ}	가게
一_{ひと}つ	하나, 한 개

(4) 明日は 休みですか。

 내일은 휴일입니까?

それが 事実ではありませんか。

그것이 사실이 아닙니까?

明日 : 내일	
休み : 휴일	
それ : 그것	
事実 : 사실	

メモ

ここは 韓国です。 여기는 한국입니다.

1. ～は

> 집は   나は   한국は   여기は
> 집은   나는   한국은   여기는

주 は는 '～은/는'에 해당하는 조사이다. 조사인 は는 わ로 읽는다.

2. ～です

> 봄です   꽃です   ‖   사람だ   동물だ
> 봄입니다   꽃입니다   ‖   사람이다   동물이다

주 です는 '～입니다'를 だ는 '～이다'의 의미를 나타낸다.

(1) 私は 学生です。

▶ 나는 학생입니다.

私は 学生だ。

▶ 나는 학생이다.

私 : 나, 저

メモ

(2) 彼<u>は</u> 友達<u>です</u>。

 그 ____ 친구 ________.

彼<u>は</u> 友達<u>だ</u>。

그 ____ 친구 ________.

(3) 한국<u>은</u> 봄<u>입니다</u>.

韓国 ____ 春 ________。

한국<u>은</u> 봄<u>이다</u>.

韓国 ____ 春 ________。

(4) 회사<u>는</u> 저기<u>입니다</u>.

会社 ____ あそこ ________。

회사<u>는</u> 저기<u>다</u>.

会社 ____ あそこ ________。

春 : 봄

会社 : 회사

あそこ : 저기

メモ

3. ～が

➤ 한국が	친구が	책상が	여기が
한국이	친구가	책상이	여기가

주 が는 '～이/가'에 해당하는 조사이다.

(1) それが 事実です。

　　그것이 사실입니다.

(2) 明日が 試験です。

　　내일 ____ 시험 ________.

(3) 근처가 회사입니다.

　　近く ___ 会社 ________。

(4) 여기가 식당입니다.

　　ここ ____ 食堂 ________。

試験 : 시험

近く : 근처

食堂 : 식당

メモ

4. ～ではありません

> 한국ではありません ‖ 한국じゃありません
>
> 한국이(은) 아닙니다
>
> 서울ではありません ‖ 서울じゃありません
>
> 서울이(은) 아닙니다
>
> 친구ではありません ‖ 친구じゃありません
>
> 친구가(는) 아닙니다
>
> 여기ではありません ‖ 여기じゃありません
>
> 여기가(는) 아닙니다

주 ではありません은 '~은(는)/이(가) 아닙니다'의 의미로 です의 부정형이다. '~은(는)/이(가)'는 구별하지 않고 사용한다. では는 でわ로 읽으며, じゃ로 줄여 쓸 수 있다.

(1) 彼女<ruby>かのじょ</ruby>は 歌手<ruby>かしゅ</ruby>ではありません。

彼女は 歌手じゃありません。

▶ 그녀는 가수가 아닙니다.

(2) ここは 銀行<ruby>ぎんこう</ruby>ではありません。

ここは 銀行じゃありません。

▶ 여기는 은행 __________.

歌手<ruby>かしゅ</ruby>：가수

(3) 이것이 약은 아닙니다.

    これが 薬^{くすり} ____________。

    これが 薬 ____________。

(4) 회사는 거기가 아닙니다.

    会社^{かいしゃ}は そこ ____________。

    会社は そこ ____________。

メモ

5. ～か

> 친구です**か**   누구です**か**
>
> 친구입니**까**   누구입니**까**
>
> 역ではありません**か**   책じゃありません**か**
>
> 역이 아닙니**까**   책은 아닙니**까**

주 か는 '～까?'의 의미로 의문을 나타내는 조사이다.

(1) 彼女は 学生ですか。

▶ 그녀는 학생입니까?

(2) 明日が 試験ではありませんか。

▶ 내일이 시험 ___________?

(3) 여기가 회사입니까?

▶ ここが 会社 ___________?

(4) 그것은 사실이 아닙니까?

▶ それは 事実 ___________。

メモ

きのうは やすみでした。

(1) 彼は 私の 後輩です。

▶ 그는 나의 후배입니다.

会社は 駅の 前です。

▶ 회사는 역 앞입니다.

(2) 大学も 明日は 休みです。

▶ 대학도 내일은 휴일입니다.

それも 事実ではありません。

▶ 그것도 사실이 아닙니다.

(3) 彼女と 私は 友達です。

▶ 그녀와 나는 친구입니다.

英語と 数学は 問題です。

▶ 영어와 수학은 문제입니다.

後輩	후배
駅	역
前	앞
大学	대학
英語	영어
数学	수학

(4) そこは 昔 海でした。

 그곳은 옛날에 바다였습니다.

社長は その 時 留守でした。

사장은 그 때 부재중이었습니다.

(5) 場所は ここではありませんでした。

장소는 여기가 아니었습니다.

それは うそではありませんでした。

그것은 거짓이 아니었습니다.

昔：옛날

海：바다

社長：사장

時：때

留守：부재중

場所：장소

うそ：거짓말

メモ

彼は 私の 後輩です。 그는 나의 후배입니다.

1. ～の

> 나の 고향 : 나의 고향
> 친구の 집 : 친구네 집
>
> 이웃の 마을 : 이웃__ 마을
> 학교の 건물 : 학교__ 건물
>
> 친구の 철수 : 친구인 철수
> 수도の 서울 : 수도__ 서울

주 の는 '～의/인'의 의미로 명사와 명사를 연결하여 소유나 동격 등을 나타낸다. 생략할 수 있는 한국어의 '～의'와 달리, 일본어의 の는 생략하는 경우가 거의 없어, 명사와 명사 사이에는 の를 넣는 것이 원칙이다.

(1) 私の 家は ここです。

💧 저의 집은 여기입니다.

그의 친구는 학생입니다.

💧 彼の 友達は 学生です。

家 : 집(=うち)

(2) ここは 会社の 中です。

　　🔵　여기는 회사 안입니다.

　　역은 회사 ＿＿＿＿ 근처입니다.
　　🔵　駅は 会社 ＿＿＿＿ 近くです。

(3) 約束は 明日の 火曜日です。

　　🔵　약속은 내일 ＿＿＿＿ 화요일입니다.

　　그녀는 친구인 大花 씨입니다.
　　🔵　彼女は 友達 ＿＿＿＿ 大花さんです。

中：안, 속

約束：약속

火曜日：화요일

さん：〜씨

メモ

<ruby>大学<rt>だいがく</rt></ruby>も <ruby>明日<rt>あした</rt></ruby>は <ruby>休<rt>やす</rt></ruby>みです。　대학도 내일은 휴일입니다.

2. ～も

> 여름も : 여름도 　　　밤も 낮も : 밤도 낮도
>
> 겨울も : 겨울도 　　　너も 나も : 너도 나도

주 も는 '～도'의 의미로 열거나 첨가 등을 나타낸다.

(1) <ruby>明日<rt>あした</rt></ruby>も <ruby>試験<rt>しけん</rt></ruby>です。

 내일도 시험입니다.

(2) これも キムチです。

이것 ____ 김치입니다.

(3) 그녀도 나도 학생입니다.

<ruby>彼女<rt>かのじょ</rt></ruby> ____ <ruby>私<rt>わたし</rt></ruby> ____ <ruby>学生<rt>がくせい</rt></ruby>です。

(4) 은행도 우체국도 휴일입니다.

<ruby>銀行<rt>ぎんこう</rt></ruby> ____ <ruby>郵便局<rt>ゆうびんきょく</rt></ruby> ____ <ruby>休<rt>やす</rt></ruby>みです。

メモ

3. ～と

> 사과と 배 : 사과와 배　　　도서관と 교실 : 도서관과 교실
>
> 회사と 집 : 회사와 집　　　선생님と 학생 : 선생님과 학생

주 と는 '～와/과'의 의미로 사물을 열거하거나 행위의 대상을 나타낸다.

(1) りんごと なしは 果物（くだもの）です。

 사과와 배는 과일입니다.

(2) 韓国（かんこく）と 日本（にほん）は 梅雨（つゆ）です。

한국 ＿＿＿ 일본은 장마입니다.

(3) 내일과 모레는 회의입니다.

明日（あした） ＿＿＿＿＿＿ は 会議（かいぎ）です。

(4) 여름 여행은 산과 바다입니다.

夏（なつ）の 旅行（りょこう）は 山（やま） ＿＿＿＿＿＿ です。

メモ

そこは むかし 海（うみ）でした。　그곳은 옛날에 바다였습니다.

4. ～でした

> 바다でした : 바다였습니다　　　학생でした : 학생이었습니다
>
> 진짜でした : 진짜였습니다　　　사실でした : 사실이었습니다

주 でした는 '～이었습니다'의 의미로 です의 과거형이다.

(1) 彼女（かのじょ）も 前（まえ）は 歌手（かしゅ）でした。

　　그녀도 전에는 가수였습니다.

(2) 昨日（きのう）は 私（わたし）の 誕生日（たんじょうび）でした。

　　어제는 제 생일 ＿＿＿＿＿＿＿.

(3) 그녀는 어제 결석이었습니다.

　　彼女（かのじょ）は 昨日（きのう） 欠席（けっせき） ＿＿＿＿＿＿＿。

(4) 옛날에는 그가 사장이었습니다.

　　昔（むかし）は 彼（かれ）が 社長（しゃちょう） ＿＿＿＿＿＿＿。

昨日（きのう） : 어제

誕生日（たんじょうび） : 생일

欠席（けっせき） : 결석

 メモ

5. 〜ではありませんでした

> 거짓ではありませんでした : 거짓이 아니었습니다
> 사고ではありませんでした : 사고가 아니었습니다
> 계절じゃありませんでした : 계절이 아니었습니다

주 ではありませんでした는 '이/은 아니었습니다'의 의미로 ではありません의 과거형이다.
ではは じゃ로 바꾸어 쓸 수 있다.

(1) その 話は 事実ではありませんでした。

▷ 그 이야기는 사실이 아니었습니다.

(2) 韓国は まだ 時期ではありませんでした。

▷ 한국은 아직 시기 ________________.

(3) 그녀는 이미 배우가 아니었습니다.

▷ 彼女は すでに 俳優 ________________。

(4) 그곳은 회사의 땅이 아니었습니다.

▷ そこは 会社の 土地 ________。

話 : 이야기	
まだ : 아직	
時期 : 시기	
すでに : 이미	
俳優 : 배우	
土地 : 토지, 땅	

 メモ

1. 지시어

지시어	근 칭		중 칭		원 칭		부 정 칭	
기본	こ	이	そ	그	あ	저	ど	어느
연체	この~	이~	その~	그~	あの~	저~	どの~	어느~
장소	ここ	여기	そこ	저기	あそこ	저기	どこ	어디
사물	これ	이것	それ	저것	あれ	저것	どれ	어느것
방향	こちら こっち	이쪽	そちら そっち	그쪽	あちら あっち	저쪽	どちら どっち	어느쪽

2. 인칭대명사

일인칭		이인칭		삼인칭		부정칭	
わたし ぼく	나/저 나	あなた きみ	당신 너	かれ かのじょ	그 그녀	どなた だれ	어느 분 누구

※ 일인칭에는 わたく(정중하게는 わたくし)를 사용하는 것이 무난하며, 이인칭에는 이름
에 さん을 붙여 사용하는 것이 일반적이다. 한국어의 <그/그녀>는 본인이 현장에 없
는 경우에 사용하는데, 일본어의 <彼/彼女>는 본인이 현장에 있으나 없으나 다 사용
할 수 있다.

MEMO

03_ キムチは おいしいです。

(1) 韓国の 冬は さむい。

　　▶ 한국의 겨울은 춥다.

　　日本の 夏は あつい。

　　▶ 일본의 여름은 덥다.

(2) 彼は 頭が いいです。

　　▶ 그는 머리가 좋습니다.

　　夏は 雨が 多いです。

　　▶ 여름은 비가 많습니다.

(3) これは おもしろい 本です。

　　▶ 이것은 재미있는 책입니다.

　　この 部屋は 広い ほうです。

　　▶ 이 방은 넓은 편입니다.

冬 : 겨울

寒い : 춥다

夏 : 여름

暑い : 덥다

頭 : 머리

いい : 좋다

雨 : 비

多い : 많다

面白い : 재미있다

本 : 책

部屋 : 방

広い : 넓다

ほう : ~쪽, 편

(4) 船より 飛行機が たかいです。

 배보다 비행기가 비쌉니다.

バスより 電車が はやいです。

버스보다 전철이 빠릅니다.

(5) 彼女は うつくしいですね。

그녀는 아름답군요.

カタカナは むずかしいですね。

카따까나는 어렵군요.

船 : 배	
飛行機 : 비행기	
高い : 비싸다, 높다	
バス : 버스	
電車 : 전철	
速い : 빠르다	
美しい : 아름답다	
カタカナ : 카따까나	
難しい : 어렵다	

メモ

韓国の 冬は さむい。　한국의 겨울은 춥다.

1. ～い

> はやい : 빠르다　　　おそい : 늦다
>
> おおい : 많다　　　すくない : 적다

주 좋다/많다 등의 형용사는 ～い의 형태를 취한다.

(1) 日本の 夏は あつい。

　　▶ 일본의 여름은 덥다.

(2) 韓国の 秋は 涼しい。

　　▶ 한국의 가을은 __________.

(3) 그녀는 친구가 많다.

　　▶ 彼女は 友達が __________。

(4) 일본의 물가는 비싸다.

　　▶ 日本の 物価は __________。

遅い : 늦다

少ない : 적다

秋 : 가을

涼しい : 시원하다

物価 : 물가

彼は 頭が <u>いい</u>です。　 그는 머리가 좋습니다.

2. ～いです

> はやいです : 빠릅니다　　おおいです : 많습니다
>
> たかいです : 높습니다　　ひろいです : 넓습니다

주 형용사 정중한 형태의 '～습니다'에는 です를 붙여 사용한다.

(1) 韓国の 冬は さむいです。

　　▶ 한국의 겨울은 춥습니다.

(2) 私は いぬが <u>こわいです</u>。

　　▶ 나는 개가 ___________.

(3) 겨울은 바람이 <u>셉니다</u>.

　　▶ 冬は 風が ___________。

(4) 시골의 물가는 <u>쌉니다</u>.

　　▶ 田舎の 物価は ___________。

犬 : 개

怖い : 무섭다

風 : 바람

強い : 세다, 강하다

田舎 : 시골

安い : 싸다

 メモ ···································

これは おもしろい 本です。　이것은 재미있는 책입니다.

3. 〜い〜

> いい : 좋다　　いい友達 : 좋은 친구　　ひろい : 넓다　ひろい海 : 넓은 바다
>
> わるい : 나쁘다　わるい人 : 나쁜 사람　　あおい : 파랗다　あおい空 : 파란 하늘

주 '〜한'처럼 명사를 수식하는 형용사의 형태는 기본형이나 종지형과 같아 형태 변화가 없다.

(1) 彼は いい 友だちです。

▶ 그는 좋은 친구입니다.

(2) 韓国は うつくしい 国です。

▶ 한국은 __________ 나라입니다.

(3) 그녀는 상냥한 성격입니다.

▶ 彼女は __________ 性格です。

(4) 그곳은 상당히 먼 편입니다.

▶ そこは かなり __________ 方です。

悪い : 나쁘다

人 : 사람

青い : 파랗다

空 : 하늘

国 : 나라

優しい : 상냥하다, 자상하다

性格 : 성격

かなり : 꽤, 상당히

遠い : 멀다

メモ

4. ～より

> 산より 바다 : 산보다 바다   공부より 운동 : 공부보다 운동
>
> 밥より 반찬 : 밥보다 반찬   전화より 편지 : 전화보다 편지

주 より는 '～보다'의 의미로 비교의 대상을 나타낸다.

(1) 東京は ソウルより 南です。

　　 동경은 서울보다 남쪽입니다.

(2) 気温は 韓国より ひくいです。

　　▶ 기온은 한국 _________ 낮습니다.

(3) 봄보다 가을 날씨가 좋습니다.

　　▶ 春 _________ 秋の 天気が いいです。

(4) 버스보다 전철 쪽이 빠릅니다.

　　▶ バス _________ 電車の 方が 早いです。

メモ

彼女は うつくしいですね。　그녀는 아름답군요.

5. ～ね

> 学生だね : 학생이군　　　　　　春だね : 봄이군
>
> 学生ですね : 학생이군요　　　　春ですね : 봄이군요
>
> 難しいね : 어렵군　　　　　　　高いね : 비싸군
>
> 難しいですね : 어렵군요　　　　高いですね : 비싸군요

주 ね는 '～군(요), ～지(요)'처럼 문 끝에 붙어 서로 동의하여 공동의 인식으로 표현하거나, 말을 부드럽게 표현할 때 사용한다.

(1) 日本は もう 梅雨ですね。

　　▶ 일본은 벌써 장마로군요.

(2) 方法は 一つではありませんね。

　　▶ 역은 하나가 아니로 ______ 요.

(3) 아침 공기는 제법 차갑군요.

　　▶ 朝の 空気は かなり ________。

(4) 그의 행동은 매우 빠르군요.

　　▶ 彼の 行動は とても ________。

もう : 이미, 벌써

方法 : 방법

朝 : 아침

空気 : 공기

冷たい : 차갑다

行動 : 행동

とても : 매우, 아주

MEMO

0**4**_　かのじょは きれいです。

(1) 学生_{がくせい}が みんな きれいだ。

▶ 학생이 모두 예쁘다.

日本_{にほん}の 電車_{でんしゃ}は べんりだ。

▶ 일본의 전철은 편리하다.

(2) 家_{いえ}の 回_{まわ}りは しずかです。

▶ 집 주위는 조용합니다.

社員_{しゃいん}は みんな 親切_{しんせつ}です。

▶ 사원은 모두 친절합니다.

(3) 彼_{かれ}は まじめな 学生_{がくせい}です。

▶ 그는 성실한 학생입니다.

彼女_{かのじょ}は 有名_{ゆうめい}な 歌手_{かしゅ}です。

▶ 그녀는 유명한 가수입니다.

みんな : 모두
綺麗_{きれい}だ : 예쁘다, 깨끗하다
便利_{べんり}だ : 편리하다
回_{まわ}り : 주위
静_{しず}かだ : 조용하다
親切_{しんせつ}だ : 친절하다
真面目_{まじめ}だ : 성실하다
有名_{ゆうめい}だ : 유명하다

(4) 夏は 暑いが、秋は 涼しいです。

▶ 여름은 덥지만, 가을은 시원합니다.

冬は 寒いが、春は 暖かいです。

▶ 겨울은 춥지만, 봄은 따뜻합니다.

(5) 明日が 試験だから 忙しいです。

▶ 내일은 시험이기 때문에 바쁩니다.

学校が 遠いですから 不便です。

▶ 학교가 멀기 때문에 불편합니다.

暖かい：따뜻하다

忙しい：바쁘다

学校：학교

不便だ：불편하다

メモ

学生が みんな きれいだ。 학생이 모두 예쁘다.

1. ~だ

➤ きれいだ：깨끗하다	しずかだ：조용하다
べんりだ：편리하다	ふべんだ：불편하다

주 일본어에는 '깨끗하다, 편리하다'와 같이 형용사의 의미를 가지고 있으면서 활용을 달리하는 형용동사가 있다. 명사와 같은 성격도 가지고 있으며 종지형으로 ~だ의 형태를 취한다.

(1) 朝の 空気は さわやかだ。

▶ 아침 공기는 상쾌하다.

(2) 田舎の 景色は きれいだ。

▶ 시골의 경치는 __________.

(3) 회사와 은행은 안전하다.

▶ 会社と 銀行は __________。

(4) 이 기계는 매우 단순하다.

▶ この 機械は とても __________。

爽やかだ：상쾌하다

景色：경치

安全だ：안전하다

機械：기계

単純だ：단순하다

2. ～です

> りっぱです : 훌륭합니다   すてきです : 근사합니다
>
> げんきです : 건강합니다   だいじです : 중요합니다

주 です는 형용동사의 정중형 '～합니다'의 의미로 사용한다.

(1) この 車は じょうぶです。

   이 차는 튼튼합니다.

(2) 彼の 友達は すてきです。

   그의 친구는 _________.

(3) 한국인은 매우 친절합니다.

   韓国人は とても _________。

(4) 선생님의 작품은 유명합니다.

   先生の 作品は _________。

立派だ : 훌륭하다

素敵だ : 근사하다

元気だ : 건강하다

大事だ : 중요하다

車 : 차

丈夫だ : 튼튼하다

韓国人 : 한국인

先生 : 선생님

作品 : 작품

メモ

彼は まじめな 学生です。　そのは 성실한 학생입니다.

3. ～な

> きれいな 海：깨끗한 바다　　　りっぱな 人：훌륭한 사람
> 便利な 制度：편리한 제도　　　有名な 歌手：유명한 가수

주 '～한'처럼 형용동사가 명사를 수식하는 경우에는 だ를 な로 바꾼다.

(1) そこは 田舎の しずかな 町です。

그곳은 시골의 조용한 마을입니다.

(2) 彼女は 親切な 性格ではありません。

그녀는 ＿＿＿＿＿＿ 성격이 아닙니다.

(3) 彼は 経験が 豊富な 사람입니다.

彼は 経験が ＿＿＿＿＿ 人です。

制度：제도

町：마을

経験：경험

豊富だ：풍부하다

(4) 그녀는 유명한 배우가 아닙니다.

彼女は ＿＿＿＿＿ 俳優ではありません。

 メモ

夏は 暑いが、秋は 涼しいです。 여름은 덥지만, 가을은 시원합니다.

4. ～が

> 暑いが : 덥지만　　　いいですが : 좋습니다만
>
> 駅だが : 역인데　　　会社ですが : 회사인데요

주 が는 '～이지만, ~인데'의 의미로, 두 문장을 반대나 대비/대조의 관계로 연결할 때 와, 앞 문장을 제시하고 그에 대해 설명할 때 사용한다. が 앞에는 보통체와 정중체 가 올 수 있다.

(1) 彼は 体は 小さい(小さいです)が、力は 強いです。

▶ 그는 몸은 작지(작습니다)만, 힘은 셉니다.

(2) これは 先生の 本だ(本です)が、とても 面白いです。

▶ 이것은 선생님의 ______ ∥ ______, 아주 재미있습니다.

(3) 이곳은, 여름은 덥지(덥습니다)만, 가을은 시원합니다.

▶ ここは、夏は ______ ∥ ______、秋は 涼しいです。

(4) 그녀는 대학 후배인데(요), 아주 성실한 사람입니다.

▶ 彼女は 大学の ______ ∥ ______、とても 真面目な 人です。

体 : 몸

小さい : 작다

強い : 강하다, 세다

5. ～から

> 多いから(＝多いですから)　：많아서 / 많으니까 / 많기 때문에
>
> 高いから(＝高いですから)　：높아서 / 높으니까 / 높기 때문에
>
> 静かだから(＝静かですから)：조용해서 / 조용하니까 / 조용하기 때문에
>
> 有名だから(＝有名ですから)：유명해서 / 유명하니까 / 유명하기 때문에

주 から는 '～이어서/이니까/이기 때문에'의 의미로 원인이나 이유 근거 등을 나타내다.
から 앞에는 보통체와 정중체가 올 수 있다.

(1) 試合が 明日だ(明日です)から 忙しいです。

▶ 시합이 내일이라서 바쁩니다.

(2) 部屋が 狭い(狭いです)から これが いいです。

▶ 방이 ＿＿＿＿＿＿ 이것이 좋습니다.

(3) 곁에 친구가 많기 때문에 안심입니다.

▶ そばに 友達が ＿＿＿＿ ∥ ＿＿＿＿ 安心です。

(4) 이곳은 주위가 조용하기 때문에 좋습니다.

▶ ここは 回りが ＿＿＿＿ ∥ ＿＿＿＿ いいです。

試合：시합
狭い：좁다
そば：곁, 옆
安心だ：안심이다

● 시간부사

일

おととい	^{きのう}昨日	^{きょう}今日	^{あした}明日	あさって
그제	어제	오늘	내일	모레

요일

^{げつようび}月曜日	^{かようび}火曜日	^{すいようび}水曜日	^{もくようび}木曜日	^{きんようび}金曜日	^{どようび}土曜日	^{にちようび}日曜日
월요일	화요일	수요일	목요일	금요일	토요일	일요일

주와 달

		전전/지지난	전/지난	금/이번	내/다음	다다음
		先々~	先~	今~	来~	再来~
주	週	先々週	先週	今週	来週	再来週
달	月	先々月	先月	今月	来月	再来月

※ 先先、日日、人人처럼 동일 한자가 반복되는 경우 뒤 한자는 '々'로 표기한다.

해

おととし	^{きょねん}去年	^{ことし}今年	^{らいねん}来年	さらいねん
재작년	작년	올해/금년	내년	내후년

05_ いぬは こわくないです。 

(1) 彼は 優しい 人ではない。

 그는 상냥한 사람이 아니다.

今日は 寒い 日ではない。

그는 오늘은 추운 날이 아니다.

(2) 彼の 会社は 大きくない。

그의 회사는 크지 않다.

駅の 前は 広くありません。

역 앞은 넓지 않습니다.

(3) 今年の 祭りは 賑やかではない。

올 축제는 활기차지 않다.

交通は あまり 不便ではありません。

교통은 그다지 불편하지 않습니다.

日 : 날, 일

大きい : 크다

祭り : 축제

賑やかだ : 활기차다, 성황이다

交通 : 교통

あまり : 그다지

(4) 夏は 雨が 多くて 暑いです。

여름은 비가 많고 덥습니다.

キムチは 安くて おいしいです。

 김치는 싸고 맛있습니다.

(5) 図書館は 静かで きれいです。

도서관은 조용하고 깨끗합니다.

この 電車は 安全で 便利です。

이 전철은 안전하고 편리합니다.

おいしい : 맛있다

図書館 : 도서관

メモ

彼は 優しい 人ではない。 그는 상냥한 사람이 아니다.

1. ～ではない(です)

> 休みではない : 휴일이/은 아니다　　友達ではない : 친구가/는 아니다
> 学生じゃない : 학생이/은 아니다　　会社じゃない : 회사가/는 아니다

> 주 ～ではない는 '～이(가)/은(는) 아니다'의 의미로 ～だ의 부정형이다. ではない는 じゃ
> 　 ない로 줄여 쓸 수 있으며, です를 붙이면 정중한 의미가 된다.

(1) 今日は 休みではない。

▶ 오늘은 휴일이 아니다.

今日は 休みではないです。

▶ 오늘은 휴일이 아닙니다.

(2) 彼は 会社の 人ではない。

▶ 그는 회사 ＿＿＿＿＿＿＿＿.

彼は 会社の 人ではないです。

▶ 그는 회사 ＿＿＿＿＿＿＿＿.

(3) 그의 이야기는 거짓이 아니다.

  ▶ 彼の 話は ＿＿＿＿＿＿＿＿＿＿。

그의 이야기는 거짓이 아닙니다.

  ▶ 彼の 話は ＿＿＿＿＿＿＿＿＿＿。

(4) 오늘은 그녀의 생일이 아니다.

  ▶ 今日は 彼女の ＿＿＿＿＿＿＿＿＿＿。

오늘은 그녀의 생일이 아닙니다.

  ▶ 今日は 彼女の ＿＿＿＿＿＿＿＿＿＿。

メモ

彼の 会社は 大きくない。 그의 회사는 크지 않다.

2. ～くない(です)/～くありません

> よくない：좋지 않다
>
> よくないです：좋지 않습니다(=よくありません)
>
>
> 悪くない：나쁘지 않다
>
> 悪くないです：나쁘지 않습니다(=悪くありません)
>
>
> 早くない：빠르지 않다
>
> 早くないです：빠르지 않습니다(=早くありません)
>
>
> 高くない：비싸지 않다
>
> 高くないです：비싸지 않습니다(=高くありません)

주 '～(하)지 않다'의 형용사의 부정형에는 어미 い를 く로 바꾸고 ない가 붙여 사용하며, です를 붙이면 정중한 형태가 되고, ～くないです는 ～くありません과 같은 의미이다.

(1) おいしい キムチは 辛くない。

맛있는 김치는 맵지 않다.

おいしい キムチは 辛くないです。

(=辛くありません。)

맛있는 김치는 맵지 않습니다.

辛い：맵다

メモ

(2) 練習の 時は 全然 難しくない。

▶ 연습 때는 전혀 ____________.

練習の 時は 全然 難しくないです。
　　　　　　　　(=難しくありません。)

▶ 연습 때는 전혀 ____________.

(3) 한국의 분위기는 나쁘지 않다.

▶ 韓国の 雰囲気は ____________。

한국의 분위기는 나쁘지 않습니다.

▶ 韓国の 雰囲気は ____________。

____________。

(4) 시골 물가는 그다지 비싸지 않다.

▶ 田舎の 物価は あまり ____________。

시골 물가는 그다지 비싸지 않습니다.

▶ 田舎の 物価は あまり ____________。

____________。

練習 : 연습

全然 : 전혀, 전연

雰囲気 : 분위기

メモ

3. ～ではない(です)/～ではありません

> きれいではない : 깨끗하지 않다 (=きれいじゃない)
> きれいではないです : 깨끗하지 않습니다 (=きれいではありません)
>
> まじめではない : 성실하지 않다 (=まじめじゃない)
> まじめではないです : 성실하지 않습니다 (=まじめではありません)
>
> 便利ではない : 편리하지 않다 (=便利じゃない)
> 便利ではないです : 편리하지 않습니다 (=便利ではありません)

주 '～하지 않다'의 형용동사 부정형에는 어간에 ではない를 붙여 사용하며, 정중한 형태에는 ではないです나 ではありません을 사용한다. では는 じゃ로 줄여 쓸 수 있다.

(1) 田舎の 雰囲気も 静かではない。

　　▶ 시골 분위기도 조용하지 않다.

　　田舎の 雰囲気も 静かではないです。

　　　　　　　(=静かではありません。)

　　▶ 시골 분위기도 조용하지 않습니다.

(2) 政府の 方針は 明らかではない。

　　▶ 정부의 방침은 ＿＿＿＿＿＿.

　　政府の 方針は 明らかではないです。

　　　　　　　(=明らかではありません。)

　　▶ 정부의 방침은 ＿＿＿＿＿＿＿.

政府 : 정부

方針 : 방침

明らかだ : 명확하다

(3) 국민의 생활은 <u>풍요롭지 않다</u>.

 <ruby>国民<rt>こくみん</rt></ruby>の <ruby>生活<rt>せいかつ</rt></ruby>は ＿＿＿＿＿＿＿＿。

국민의 생활은 <u>풍요롭지 않습니다</u>.

国民の 生活は ＿＿＿＿＿＿＿＿。

＿＿＿＿＿＿＿＿。

(4) 그녀의 태도는 <u>고분고분하지 않다</u>.

<ruby>彼女<rt>かのじょ</rt></ruby>の <ruby>態度<rt>たいど</rt></ruby>は ＿＿＿＿＿＿＿＿。

그녀의 태도는 <u>고분고분하지 않습니다</u>.

彼女の 態度は ＿＿＿＿＿＿＿＿。

＿＿＿＿＿＿＿＿。

メモ

4. ～くて

> 高くて : 높고 ∥ 높아서　　　低くて : 낮고 ∥ 낮아서
>
> 大きくて : 크고 ∥ 커서　　　小さくて : 작고 ∥ 작아서

주 '～하고/해서'와 같은 형용사의 열거나 수식의 의미에는 어미 い를 く로 바꾸고 て를 붙여 사용한다.

(1) 夏は 暑くて 嫌いです。

여름은 더워서 싫어합니다.

(2) 会社は 駅も 近くて 便利です。

회사는 역도 _______ 편리합니다.

(3) 요즘은 바빠서 틈도 없습니다.

この頃は _______ 暇も ありません。

(4) 한국 음식은 싸고 맛있습니다.

韓国の 食べ物は _______ おいしいです。

嫌いだ : 싫어하다

この頃 : 요즘

暇 : 틈, 짬

食べ物 : 음식

 メモ

5. ～で

> 立派で : 훌륭하고 ‖ 훌륭해서　　　安全で : 안전하고 ‖ 안전해서
>
> 幸せで : 행복하고 ‖ 행복해서　　　平和で : 평화롭고 ‖ 평화로워

주 ‘～하고/해서’와 같은 형용동사의 열거나 수식의 의미에는 어간에 で를 붙여 사용한다.

(1) 平日は 静かで 人も 少ないです。

▶ 평일은 조용하고 사람도 적습니다.

(2) この 川は 綺麗で 魚も 多いです。

▶ 이 강은 ________ 물고기도 많습니다.

幸せだ : 행복하다

平和だ : 평화롭다

平日 : 평일

川 : 강

魚 : 물고기

コンピュータ : 컴퓨터

好きだ : 좋아하다

お客さん : 손님

(3) 이 컴퓨터는 단순해서 좋아합니다.

▶ この コンピュータは ________ 好きです。

(4) 그 가게는 유명해서 손님이 많습니다.

▶ その 店は ________ お客さんが 多いです。

メモ

1 다음을 히라가나로 쓰시오.

1. 学生 :
2. 銀行 :
3. 会社 :
4. 果物 :
5. 韓国 :
6. 梅雨 :
7. 田舎 :
8. 有名 :
9. 便利 :
10. 生活 :

2 다음을 한자로 쓰시오.

1. みせ :
2. あした :
3. えき :
4. わたし :
5. なつ :
6. てんき :
7. あさ :
8. だいがく :
9. ことし :
10. とき :

3 다음에서 한자의 읽기가 틀린 곳을 바르게 고치시오.

1. 数学の 問題は 難しいです。

2. 彼と 私は 友達です。

3. 日本の 夏は とても 暑いです。

4. 会社が 近いですから 便利です。

5. 電車は 速くて 不便ではありません。

4 다음 밑줄 친 부분을 바르게 고치시오.

1. 今日は 休み<u>でわありません</u>。

2. あそこは むかし 川<u>です</u>。

3. これは <u>おもしろいの</u> 本です。

4. 冬は <u>寒いか</u>、夏は 暑いです。

5. 会社の 中は <u>広いない</u>。

5 보기의 단어를 이용하여 다음 문을 완성하시오.

───────── 〈보 기〉 ─────────
は　　です　　の　　が　　と　　でした　　も　　ありません

1. 그녀는 나의 친구입니다.
   ▶ 彼女 (　　) 私の 友達 (　　)。

2. 회사도 오늘은 휴일이었습니다.
   ▶ 会社 (　　) 今日は 休み (　　)。

3. 한국과 일본은 가까운 나라입니다.
   ▶ 韓国 (　　) 日本は 近い 国 (　　)。

4. 동경의 전철은 불편하지 않습니다.
   ▶ 東京 (　　) 電車 (　　) 不便では (　　)。

5. 나의 회사는 넓지 않습니다.
   ▶ 私 (　　) 会社は 広く (　　)。

6 주어진 단어를 이용하여 다음 문을 일본어로 쓰시오.

1. 가게는 저쪽입니다. (店, あそこ)

   ▶ (   )

2. 그는 학생이 아닙니다. (彼, 学生)

   ▶ (   )

3. 한국의 겨울은 춥습니다. (韓国, 冬, 寒い)

   ▶ (   )

4. 회사 주위는 조용합니다. (会社, 回り, 静かだ)

   ▶ (   )

5. 영어 문제는 어렵지 않습니다. (英語, 問題, 難しい)

   ▶ (   )

メモ

MEMO

06_ 会社は 電車で 行きます。

(1) 春は 花が 咲く。

▶ 봄에는 꽃이 핀다.

彼は 今日 来る。

▶ 그는 오늘 온다.

(2) 学校は 九時に 行く。

▶ 학교는 9시에 간다.

明日は 会社に 戻る。

▶ 내일은 회사에 돌아온다.

書類は 社長に 出す。

▶ 서류는 사장님에게 낸다.

花 : 꽃

咲く : (꽃이) 피다

来る : 오다

九 : 구

時 : 시

行く : 가다

戻る : 돌아오다

書類 : 서류

出す : 내다

(3) 会社は バスで 通う。

▶ 회사는 버스로 다닌다.

結果は 郵便で 送る。

▶ 결과는 우편으로 보낸다.

(4) 毎日 牛乳を 飲む。

▶ 매일 우유를 마신다.

友達と 映画を 見る。

▶ 친구와 영화를 본다.

(5) 夏は 雨が 降ります。

▶ 여름에는 비가 내립니다.

たまに 音楽を 聞きます。

▶ 가끔 음악을 듣습니다.

(6) 夜は 電話を かけません。

▶ 밤에는 전화를 걸지 않습니다.

最近の 歌は 歌いません。

▶ 최근 노래는 부르지 않습니다.

通う	다니다
結果	결과
郵便	우편
送る	보내다
毎日	매일
牛乳	우유
飲む	마시다
見る	보다
降る	내리다
たまに	가끔
音楽	음악
聞く	듣다
夜	밤, 저녁
電話	전화
かける	걸다
最近	최근
歌	노래
歌う	노래하다

春は 花が 咲く。 봄에는 꽃이 핀다.

1. 동사

(1) 기본형

> 書く : 쓰다　　　見る : 보다　　　来る : 오다
>
> 読む : 읽다　　　寝る : 자다　　　する : 하다

■ **형태** : 동사의 기본형은 어미가 う・く・ぐ・す・つ・ぬ・ぶ・む・る의 う段으로
되어 있다.

■ **종류** : 동사는 활용에 따라 규칙활용을 하는 5단동사와 1단동사, 불규칙활용을 하
는 くる와 する가 있다.

5단동사는 어미가 5단에 걸쳐 활용을 하고 1단동사는 어미를 떼고 어간 1단
에 머무른 채 활용을 한다. 1단 동사는 형태에 따라 어미る앞이 い모음인
'~(い段)る'형의 상일단동사와 어미る앞이 え모음인 '~(え段)る'형의 하일
단동사로 나뉜다. 변격동사 くる와 する는 어간과 어미가 모두 활용을 한
다.

동사의 활용은 어미가 5단에 걸쳐 변화하는 5단동사에만 주의가 필요하고,
어미가 변화하지 않는 1단동사에는 별 주의가 필요하지 않다. 기본적으로
동사의 종류가 형태에 따라 정해져 있기 때문에 동사의 활용은 어렵지 않은
편이다.

동사의 종류		형 태	예	
규칙 동사	오단동사	～う	あう・いう	
		～く	いく・かく	
		～ぐ	かぐ・つぐ	
		～す	おす・だす	
		～つ	まつ・もつ	
		～ぬ	しぬ	하나뿐
		～ぶ	とぶ・よぶ	
		～む	のむ・よむ	
		～る	ある・のる	
	상일단동사	～い段る	いる・みる	
	하일단동사	～え段る	でる・ねる	
불규칙 동사	か행변격동사	くる	くる	하나뿐
	さ행변격동사	する	する	(漢字語)する

 メモ

(2) 종지형

> 書く : 쓴다/쓰겠다　　見る : 본다/보겠다　　来る : 온다/오겠다

　　読む : 읽는다/읽겠다　　寝る : 잔다/자겠다　　する : 한다/하겠다

■ **형태** : ～う단

■ **의미** : ～한다/하겠다

■ **용법** : 일본어의 동사는 원형(기본형)이 보통체의 종지형으로 사용되며, 9개의 어미를 대표하여 る형으로 제시하는 것이 일반적이다. 기본형인 る형은 '～하다'와 대응하지만, 종지형인 る형은 '～한다'와 대응한다. 종지형의 ～る형은 <① 미래의 동작 ②화자의 의지 ③현재의 상태 ④일반적 사실>을 나타낸다.

● **미래의 동작**

(1) 私は 明日 行く。

　　▶ 나는 내일 간다.

(2) 雨は また 降る。

　　▶ 비는 또 내린다.

● **화자의 의지**

(1) また 電話する。

　　▶ 또 전화하겠다.

(2) 私は 少し 待つ。

　　▶ 나는 조금 기다리겠다.

また : 또, 다시

少し : 조금

- **현재의 상태**

  (1) 友達が 少し いる。

     친구가 조금 있다.

  (2) 事実は 存在する。

    사실은 존재한다.

- **일반적 사실**

  (1) 人は みんな 死ぬ。

    사람은 모두 죽는다.

  (2) 夏は 気温が 上がる。

    여름은 기온이 올라간다.

メモ

学校は 九時に 行く。　학교는 9시에 간다.

2. ～に

> 一時に：1시에　　日本に：일본에　　彼に：그에게
> 三月に：3월에　　学校に：학교에　　会社に：회사에

주 に는 '～에, ～에게'의 의미로 장소, 시간, 대상 등을 나타낸다.

■ 시간

(1) 週末に 田舎に 行く。

▶ 주말에 시골에 간다.

(2) 会議は 十時に 始まる。

▶ 회의는 10시 ___ 시작된다.

(3) 시험은 수요일에 끝난다.

▶ 試験は 水曜日 ___ 終わる。

■장소

(1) 書類は 会社に ある。

▶ 서류는 회사에 있다.

(2) 彼女は ここに 来る。

▶ 그녀는 여기 ___ 온다.

一：일

三：삼

月：월

週末：주말

十：십, 열

始まる：시작되다

終わる：끝나다

ある：있다

(3) 행복은 마음속<u>에</u> 있다.

 幸せは 心の 中 ___ ある。

■ **대상**

(1) 毎日 友達に 電話する。

매일 친구<u>에게</u> 전화한다.

(2) 問題は 会社<u>に</u> 報告する。

문제는 회사 ___ 보고한다.

(3) 리포트는 선생님<u>에게</u> 낸다.

レポーテは 先生 ___ 出す。

メモ ....

3. ～で

➤ バスで : 버스로	電車で : 전철로
電話で : 전화로	郵便で : 우편으로

주 では '～으로'의 의미로 수단 방법 재료 도구를 나타낸다.

(1) いつも バスで 行く。

언제나 버스로 간다.

(2) ここは 自転車で 来る。

여기는 자전거 ___ 온다.

(3) 서류는 <u>우편으로</u> 보낸다.

書類は _______ 送る。

(4) 바쁠 때는 <u>전화로</u> 이야기한다.

忙しい 時は _______ 話す。

いつも : 항상, 언제나

自転車 : 자전거

話す : 말하다

毎日 牛乳を 飲む。　매일 우유를 마신다.

4. ～を

> 小説を：소설을　　　漫画を：만화를
>
> 音楽を：음악을　　　楽器を：악기를

(1) いつも 家で 新聞を 読む。

언제나 집에서 신문을 읽는다.

(2) 車の 中で ニュースを 聞く。

차안에서 뉴스 ＿＿ ＿＿＿＿＿.

(3) 내일은 친구와 영화를 본다.

明日は 友だちと ＿＿ ＿＿＿＿＿。

(4) 아침은 빵과 주스를 마신다.

 朝は パンと ジュース ＿＿ ＿＿＿＿＿。

小説：소설

漫画：만화

楽器：악기

新聞：신문

ニュース：뉴스

パン：빵

ジュース：주스

メモ

夏は 雨が 降ります。　여름에는 비가 내립니다.

5. ～ます

> 買います：삽니다/사겠습니다　　　出します：냅니다/내겠습니다
>
> 見ます：봅니다/보겠습니다　　　寝ます：잡니다/자겠습니다
>
> 来ます：옵니다/오겠습니다　　　します：합니다/하겠습니다

■ **접속**：동사 연용형＋ます

동사의 종류	기본형		ます형	
	かう	[사다]	かい ます	[삽니다]
	さく	[피다]	さき ます	[핍니다]
	つぐ	[잇다]	つぎ ます	[잇습니다]
	だす	[내다]	だし ます	[냅니다]
오단동사	かつ	[이기다]	かち ます	[이깁니다]
	しぬ	[죽다]	しに ます	[죽습니다]
	よぶ	[부르다]	よび ます	[부릅니다]
	のむ	[마시다]	のみ ます	[마십니다]
	わる	[나누다]	わり ます	[나눕니다]
상일단동사	みる	[보다]	み ます	[봅니다]
하일단동사	ねる	[자다]	ね ます	[잡니다]
カ行변격동사	くる	[오다]	き ます	[옵니다]
サ行변격동사	する	[하다]	し ます	[합니다]

■ **의미**：～합니다/하겠습니다

■ **용법**：～ます형은 ＜①미래의 동작 ②화자의 의지 ③현재의 상태 ④일반적 사실＞ 을 나타내는 る형의 정중체이다.

(1) 会社は しばらく 休みます。

 회사는 잠시 쉽니다.

(2) 朝ご飯は かならず 食べます。

아침밥은 반드시 ________.

(3) 일요일은 도서관에 갑니다.

日曜日は 図書館に ________。

(4) 평일은 아침 7시에 일어납니다.

平日は 朝 七時に ________。

しばらく：잠시

休む：쉬다

ご飯：밥

必ず：반드시

食べる：먹다

日曜日：일요일

図書館：도서관

七：칠, 일곱

起きる：일어나다

メモ

6. ～ません

> 買いません：사지 않습니다　　　見ません：보지 않습니다
>
> 読みません：읽지 않습니다　　　寝ません：자지 않습니다

주 ません은 '～지 않습니다'의 의미로 ます의 부정형이다.

(1) 酒は ほとんど 飲みません。

　　술은 거의 마시지 않습니다.

(2) 大学は ぜったい やめません。

　　대학은 절대로 ___________.

(3) 밤에는 추워서 나가지 않습니다.

　　夜は 寒くて ___________。

(4) 일요일도 회사는 쉬지 않습니다.

　　日曜日も 会社は ___________。

酒：술

ほとんど：거의

絶対：절대

やめる：그만두다

出る：나가다

メモ

MEMO

1. 일본어의 수사

　일본어의 수사에도 한자어와 고유어가 있다. 하나에서 열까지는 한자어와 고유어가 사용되지만, 열 하나부터는 한자어를 사용한다.

■ 일~십 / 하나~열

한 자 어		고 유 어	
한국어	일본어	한국어	일본어
일	一　いち	하나/한 개	一つ　ひとつ
이	二　に	둘/두 개	二つ　ふたつ
삼	三　さん	셋/세 개	三つ　みっつ
사	四　し/よ/よん	넷/네 개	四つ　よっつ
오	五　ご	다섯/다섯 개	五つ　いつつ
육	六　ろく	여섯/여섯 개	六つ　むっつ
칠	七　しち/なな	일곱/일곱 개	七つ　ななつ
팔	八　はち	여덟/여덟 개	八つ　やっつ
구	九　きゅう/く	아홉/아홉 개	九つ　ここのつ
십	十　じゅう	열/열 개	十　とお

メモ

	十 : 십	百 : 백	千 : 천	万 : 만
一	じゅう	ひゃく	せん	いちまん
二	にじゅう	にひゃく	にせん	にまん
三	さんじゅう	さんびゃく	さんぜん	さんまん
四	よんじゅう	よんひゃく	よんせん	よんまん
五	ごじゅう	ごひゃく	ごせん	ごまん
六	ろくじゅう	ろっぴゃく	ろくせん	ろくまん
七	ななじゅう	ななひゃく	ななせん	ななまん
八	はちじゅう	はっぴゃく	はっせん	はちまん
九	きゅうじゅう	きゅうひゃく	きゅうせん	きゅうまん
十				じゅうまん

2. 사람 세기

한 국 어	일 본 어		
	고유어	한자어	
		にん(人 : 인)	めい(名 : 명)
한 사람(명)	ひとり	(いちにん)	いちめい
두 사람(명)	ふたり	(ににん)	にめい
세 사람(명)		さんにん	さんめい
네 사람(명)		よにん	よんめい
다섯 사람(명)		ごにん	ごめい
여섯 사람(명)		ろくにん	ろくめい
일곱 사람(명)		しち/ななにん	しち/ななめい
여덟 사람(명)		はちにん	はちめい
아홉 사람(명)		く/きゅうにん	きゅうめい
열 사람(명)		じゅうにん	じゅうめい

07

書類は 会社に あります。
（しょるいは かいしゃに あります。）

학습내용

(1) 銀行に 仕事が あります。
（ぎんこうに しごとが あります。）

▶ 은행에 일이 있습니다.

学生は 教室に います。
（がくせいは きょうしつに います。）

▶ 학생은 교실에 있습니다.

(2) 私は 韓国人で 留学生です。
（わたしは かんこくじんで りゅうがくせいです。）

▶ 나는 한국인으로 유학생입니다.

韓国は 雪で 日本は 雨です。
（かんこくは ゆきで にほんは あめです。）

▶ 한국은 눈이고 일본은 빕니다.

(3) 明日は 中国へ 行きます。
（あしたは ちゅうごくへ いきます。）

▶ 내일은 중국으로 갑니다.

週末は 田舎へ 帰ります。
（しゅうまつは いなかへ かえります。）

▶ 주말은 시골로 돌아갑니다.

仕事（しごと）: 일
教室（きょうしつ）: 교실
留学生（りゅうがくせい）: 유학생
雪（ゆき）: 눈
中国（ちゅうごく）: 중국
帰る（かえる）: 돌아가다, 돌아오다

(4) 彼女は 歌や 踊りが 上手です。

그녀는 노래나 춤을 잘합니다.

日本や 韓国は 事情が いいです。

 일본이나 한국은 사정이 좋습니다.

(5) 朝から 運動を します。

아침부터 운동을 합니다.

日本から 友達が 来ます。

일본에서 친구가 옵니다.

(6) ここまで 雪が 降ります。

여기까지 눈이 내립니다.

深夜まで テレビを 見ます。

심야까지 텔레비전을 봅니다.

踊り : 춤

上手だ : 잘 한다

事情 : 사정

運動 : 운동

深夜 : 심야

テレビ : 텔레비전

メモ

> 銀行に 仕事が あります.　은행에 일이 있습니다.
> 学生は 教室に います.　학생은 교실에 있습니다.

1. ある ‖ いる

> 仕事が あります : 일이 있습니다　　言葉が あります : 말이 있습니다
> 家は ありません : 집은 없습니다　　駅は ありません : 역은 없습니다

> 学生が います : 학생이 있습니다　　ちょうが います : 나비가 있습니다
> 犬は いません : 개는 없습니다　　こいは いません : 잉어는 없습니다

주 존재를 나타내는 '있다'에는 '정る'와 'いる'가 있는데, ある는 일이나 사건, 사물 등에, い
る는 사람이나 동물, 물고기, 곤충 등에 사용한다.

■ ある

(1) 市内に 用事が あります.

▶ 시내에 일이 있습니다.

(2) 日曜日は 約束が あります.

▶ 일요일은 약속이 ______.

(3) 학교 앞에 서점은 없습니다.

▶ 学校の 前に 本屋は ______。

言葉 : 말
ちょう : 나비
こい : 잉어
市内 : 시내
用事 : 용무, 일
本屋 : 서점, 책방

■ いる

(1) 子供こども は 部屋へや に います。

     아이는 방에 있습니다.

(2) 家いえ に 犬いぬ と 猫ねこ が います。

     집에 개와 고양이가 _______.

(3) 이 연못에 잉어는 없습니다.

     この 池いけ に こいは _______。

子供こども : 아이

猫ねこ : 고양이

池いけ : 연못

メモ

2. ～で

> 彼女は 学生で : 그는 학생이며　　　会議は 明日で : 회의는 내일이고
>
> これが 事実で : 이것이 사실로　　　ここは 台風で : 여기는 태풍으로

주 で
는 '～이고/이며/으로'의 의미로 だ(～이다)의 활용형이다.

(1) ここは 夜で、向うは 朝です。

> 여기는 밤이고, 거기는 아침입니다.

(2) 私は 日本人で 今 大学生です。

> 저는 일본인 ___, 지금 대학생입니다.

(3) 이것도 김치로 매우 맛있습니다.

> これは キムチ ___、とても おいしいです。

(4) 오늘이 마감으로, 시간이 없습니다.

> 今日が 締め切り ___、時間が ありません。

台風 : 태풍

向う : 반대편, 상대방

日本人 : 일본인

今 : 지금

大学生 : 대학생

締め切り : 마감

時間 : 시간

 メモ

3. ～へ

> 家へ : 집으로　　　　駅へ : 역으로
>
> 山へ : 산으로　　　　海へ : 바다로

주 へ는 '～으로/에'의 의미로 방향을 나타내는 조사이며 이 때의 へ는 え로 발음한다.

(1) この 水は 湖へ 流れます。

　　▶ 이 물은 호수로 흘러갑니다.

(2) 休みの 日は 田舎へ 帰ります。

　　▶ 쉬는 날은 시골 ＿＿ 돌아갑니다.

(3) 겨울은 산 속으로 들어갑니다.

　　▶ 冬は 山の 中 ＿＿＿＿ 入ります。

(4) 딸은 인문계 쪽으로 진학합니다.

　　▶ 娘は 人文系の ＿＿＿＿ 進みます。

湖 : 호수

流れる : 흐르다

入る : 들어가다

娘 : 딸

人文系 : 인문계

進む : 나아가다, 진행하다

 メモ

彼女は 歌や 踊りが 上手です。　その녀는 노래나 춤을 잘합니다.

4. 〜や

> 男や女 : 남자랑 여자　　果物や野菜 : 과일이나 야채
>
> 兄や姉 : 형이랑 누나　　銀行や会社 : 은행이나 회사

주 や는 '〜(이)나/(이)랑'의 의미로 사물을 열거하는 경우에 사용한다.

(1) 土曜日や 日曜日も だいじょうぶです。

▶ 토요일이나 일요일도 괜찮습니다.

(2) キムチには リンゴや ナシも 入ります。

▶ 김치에는 사과 ＿＿ 배도 들어갑니다.

(3) 일본어나 중국어는 인기가 많습니다.

▶ 日本語 ＿＿ 中国語は 人気が 多いです。

(4) 도서관에는 신문이나 잡지도 있습니다.

▶ 図書館には 新聞 ＿＿ 雑誌も あります。

男 : 남자

女 : 여자

野菜 : 야채

兄 : 형, 오빠

姉 : 누나, 언니

大丈夫だ : 괜찮다

日本語 : 일본어

中国語 : 중국어

人気 : 인기

雑誌 : 잡지

 メモ

朝から 運動を します。 아침부터 운동을 합니다.

5. ～から

> 韓国から : 한국에서　　　　月曜日から : 월요일부터
> 日本から : 일본에서　　　　友だちから : 친구로부터

주 からは '～에서, ～부터, ～에서(으로)부터'의 의미로 장소나 시간 등의 출발점을 나타낸다.

(1) 朝 十時から 試験です。

　　▶ 아침 10시부터 시험입니다.

(2) 会社は 来週から 休みです。

　　▶ 회사는 ＿＿＿＿＿＿ 휴일입니다.

(3) 여기는 내일부터 시험입니다.

　　▶ ここは ＿＿＿＿＿＿ 試験です。

(4) 시골은 공기부터 다릅니다.

　　▶ 田舎は ＿＿＿＿＿＿ 違います。

違う : 다르다

 メモ ．．

6. ～まで

> 学校まで : 학교까지　　　　会社まで : 회사까지
>
> 今日まで : 오늘까지　　　　来年まで : 내년까지

(주) まで는 '～까지'의 의미로 장소나 시간 등의 종점, 또는 수나 양적인 한도 등을 나타낸다.

(1) 駅までは 少し 遠いです。

▶ 역까지는 조금 멉니다.

(2) 今日は 六時まで 授業です。

▶ 오늘은 ＿＿＿ 수업입니다.

(3) 여기는 9월까지 꽤 덥습니다.

▶ ここは ＿＿＿ かなり 暑いです。

(4) 내일은 밤까지 회의가 있습니다.

▶ 明日は ＿＿＿ 会議が あります。

授業 : 수업

メモ

MEMO

08

家で テレビを 見ました。

(1) 外国語を 習う 人が 有利です。

▶ 외국어를 배우는 사람이 유리합니다.

友達と 飲む 酒は おいしいです。

▶ 친구와 마시는 술은 맛있습니다.

(2) 明日は 家で 休みます。

▶ 내일은 집에서 쉽니다.

公園で 友達と 歩きます。

▶ 공원에서 친구와 걷습니다.

(3) もう 遅いから 帰りましょう。

▶ 이제 늦었으니 돌아갑시다.

試験ですから 勉強しましょう。

▶ 시험이니 공부합시다.

外国語 : 외국어

有利だ : 유리하다

公園 : 공원

歩く : 걷다

遅い : 늦다

勉強 : 공부

(4) 先週は 友達と 映画を 見ました。

지난주는 친구와 영화를 보았습니다.

昨日は 一日中 雨が 降りました。

어제는 하루 종일 비가 내렸습니다.

(5) 旅行に 問題は ありませんでした。

여행에 문제는 없었습니다.

彼は パーティーに 来ませんでした。

그는 파티에 오지 않았습니다.

(6) 日曜日ですから 家に いるでしょう。

 일요일이니 집에 있을 것입니다.

日本の 物価は とても 高いでしょう。

일본의 물가는 매우 비싸죠?

メモ

外国語を 習う 人が 有利です。　외국어를 배우는 사람이 유리합니다.

1. ～る＋명사

> 行く人：가는 ‖ 갈 사람　　読む本：읽는 ‖ 읽을 책
>
> 咲く花：피는 ‖ 필 꽃　　聞く歌：듣는 ‖ 들을 음악

주 동사 る형은 '～하는 ～할'처럼 명사를 수식하는 형태로도 사용된다.

(1) よる 吹く 風は 涼しいです。

　　▶ 밤에 부는 바람은 시원합니다.

(2) 今日 受ける 試験は 日本語です。

　　▶ 오늘 _____ 시험은 일본어입니다.

(3) 그녀가 만나는 사람은 선생님입니다.

　　▶ 彼女が _____ 人は 先生 です。

(4) 내가 드라마를 보는 날은 주말입니다.

　　▶ 私が ドラマを _____ 日は 週末です。

吹く : 불다

受ける : (시험)보다, 받다

会う : 만나다

ドラマ : 드라마

明日は 家で 休みます。 내일은 집에서 쉽니다.

2. ～で

➤ 家で : 집에서	会社で : 회사에서
外で : 밖에서	部屋で : 방에서

🔷 で는 '～에서'의 의미로 행위가 이루어지는 장소를 나타낸다.

(1) デパートで 買い物を します。

▶ 백화점에서 쇼핑을 합니다.

(2) 子供は いつも 公園で 遊びます。

▶ 아이는 늘 ＿＿＿＿＿ 놉니다.

(3) 시험 때는 교실에서 공부합니다.

▶ 試験の ときは ＿＿＿＿＿ 勉強します。

(4) 점심은 학교 식당에서 먹습니다.

▶ 昼ご飯は 学校の ＿＿＿＿＿ 食べます。

デパート : 백화점

買い物 : 쇼핑

遊ぶ : 놀다

昼 : 점심

 メモ

3. ～ましょう

> 来ましょう：옵시다　　　　しましょう：합시다
>
> 見ましょう：봅시다　　　　寝ましょう：잡시다

주 ましょう는 '～합시다'의 의미로 권유를 나타낸다. ましょうか는 '～할까요?'의 의미로 그 의문형이다.

(1) 今日は 少し ゆっくり 行きましょう。

　　▶ 오늘은 조금 천천히 갑시다.

(2) 一緒に いい 場所を 探しましょう。

　　▶ 함께 좋은 장소를 ＿＿＿＿＿＿.

(3) 이번 주 일요일에 만날까요?

　　▶ 今週の 日曜日に ＿＿＿＿＿＿。

(4) 마감 전에 빨리 신청합시다.

　　▶ 締め切りの 前に 早く ＿＿＿＿＿＿。

ゆっくり：천천히

一緒に：함께

探す：찾다

申し込む：신청하다

メモ

先週は 友達と 映画を 見ました。　지난주는 친구와 영화를 보았습니다.

4. ～ました。

> 行きました : 갔습니다　　　来ました : 왔습니다
>
> 買いました : 샀습니다　　　寝ました : 잤습니다

주 ました는 '～았/었습니다'의 의미로 ます의 과거형이다.

(1) 夕べ 雨が たくさん 降りました。

 어젯밤 비가 많이 내렸습니다.

(2) いつも 朝 早くから 働きました。

언제나 아침 일찍부터 __________.

(3) 어제는 그녀와 연극을 보았습니다.

昨日は 彼女と 演劇を __________ 。

(4) 그 이야기는 뉴스에서 들었습니다.

その 話は ニュースから __________ 。

メモ

5. ～ませんでした

> 行きませんでした : 가지 않았습니다　書きませんでした : 쓰지 않았습니다
>
> 死にませんでした : 죽지 않았습니다　食べませんでした : 먹지 않았습니다

주 ませんでしたは '～(하)지 않았습니다'의 의미로 ません의 과거형이다.

(1) 私は 映画を 見ませんでした。

　　▶ 나는 영화를 보지 않았습니다.

(2) 品物が 悪くて 買いませんでした。

　　▶ 물건이 나빠서 ___________.

(3) 한번도 편지를 쓰지 않았습니다.

　　▶ 一回も 手紙を ___________。

(4) 그녀는 아무것도 먹지 않았습니다.

　　▶ 彼女は 何も ___________。

品物 : 물건

一回 : 한번

手紙 : 편지

何 : 무엇(=なん)

何も : 아무것도

 メモ

MEMO

6. ～でしょう

> 学生でしょう : 학생일 것입니다 ‖ 학생이죠?
>
> 遠いでしょう : 멀 것입니다 ‖ 멀죠?
>
> 便利でしょう : 편리할 것입니다 ‖ 편리하죠?
>
> するでしょう : 할 것입니다 ‖ 하죠?

㈜ でしょう는 '～(일/할) 것입니다, ～(이/하)죠?'의 의미로 말하는 이의 추측이나 듣는이에게 확인을 구하는데 사용한다.

(1) 修学旅行は 楽しいでしょう。＼

　　▶ 수학여행은 즐거울 것입니다.

　　修学旅行は 楽しいでしょう。／

　　▶ 수학여행은 즐겁죠?

(2) 一年生は みんな 来るでしょう。＼

　　▶ 일학년은 모두 ＿＿＿＿＿＿.

　　一年生は みんな 来るでしょう。／

　　▶ 일학년은 모두 ＿＿＿＿＿＿?

修学旅行 : 수학여행

楽しい : 즐겁다

一年生 : 일학년

(3) 한국의 겨울은 추울 <u>것입니다</u>.

 韓国の 冬は ____________。↘

한국의 겨울은 <u>춥죠</u>?

韓国の 冬は ____________。↗

(4) 일요일은 모두 쉴 <u>것입니다</u>.

日曜日は みんな ____________。↘

일요일은 모두 <u>쉬죠</u>?

日曜日は みんな ____________。↗

メ モ 

■시간 : 시 · 분 · 초

	じ(時)	ふん/ぷん(分)	びょう(秒)
一	いちじ	いっぷん	いちびょう
二	にじ	にふん	にびょう
三	さんじ	さんぷん	さんびょう
四	よじ	よんぷん	よんびょう
五	ごじ	ごふん	ごびょう
六	ろくじ	ろっぷん	ろくびょう
七	しちじ	ななふん	ななびょう
八	はちじ	はっぷん	はちびょう
九	くじ	きゅうふん	きゅうびょう
十	じゅうじ	じっ(じゅっ)ぷん	じゅうびょう
十一	じゅういちじ		
十二	じゅうにじ		

■일(日) (날짜와 기간)

1日	ついたち	초하루/일일	いちにち(하루/일일)
2日	ふつか	이틀/이일	
3日	みっか	사흘/삼일	
4日	よっか	나흘/사일	
5日	いつか	닷세/오일	
6日	むいか	엿세/육일	
7日	なのか	이레/칠일	
8日	ようか	여드레/팔일	
9日	ここのか	아흐레/구일	
10日	とおか	열흘/십일	

11日	じゅういちにち	21日	にじゅういちにち
12日	じゅうににち	22日	にじゅうににち
13日	じゅうさんにち	23日	にじゅうさんにち
14日	じゅうよっか	24日	にじゅうよっか
15日	じゅうごにち	25日	にじゅうごにち
16日	じゅうろくにち	26日	にじゅうろくにち
17日	じゅうしちにち	27日	にじゅうしちにち
18日	じゅうはちにち	28日	にじゅうはちにち
19日	じゅうくにち	29日	にじゅうくにち
20日	はつか	30日	さんじゅうにち
		31日	さんじゅういちにち

■ 달(月)（날짜와 기간）

～月	～월：～がつ	～ヶ月	～개월/달：～かげつ	
1月	いちがつ	1ヶ月	いっかげつ	一月
2月	にがつ	2ヶ月	にかげつ	二月
3月	さんがつ	3ヶ月	さんかげつ	
4月	しがつ	4ヶ月	よんかげつ	
5月	ごがつ	5ヶ月	ごかげつ	
6月	ろくがつ	6ヶ月	ろっかげつ	
7月	しちがつ	7ヶ月	ななかげつ	
8月	はちがつ	8ヶ月	はっかげつ	
9月	くがつ	9ヶ月	きゅうかげつ	
10月	じゅうがつ	10ヶ月	じっ(じゅっ)かげつ	
11月	じゅういちがつ	11ヶ月	じゅういっかげつ	
12月	じゅうにがつ	12ヶ月	じゅうにかげつ	

✎ 학습내용

---

(1) 毎日 早く 起きる。

▶ 매일 일찍 일어납니다.

夏は 雨が 激しく 降る。

▶ 여름은 비가 심하게 내린다.

(2) 二人は 幸せに 暮す。

▶ 둘은 행복하게 산다.

子供が 元気に 育つ。

▶ 아이가 건강하게 자란다.

(3) 彼は 勉強も するし、仕事も する。

▶ 그는 공부도 하고, 일도 한다.

彼女は きれいだし、心も 優しい。

▶ 그녀는 예쁘고, 마음도 상냥하다.

激しい : 심하다

暮す : 살다, 보내다

元気だ : 건강하다

育つ : 자라다

---

(4) これを キムチと 言います。

 이것을 김치라고 합니다.

先生は 立派だと 思います。

선생님은 훌륭하다고 생각합니다.

(5) 花が 咲いて 綺麗です。

꽃이 피어 아름답습니다.

起きて 新聞を 読みます。

일어나서 신문을 봅니다.

(6) 外は 風が 吹いて います。

밖에는 바람이 불고 있습니다.

部屋で 本を 読んで います。

방에서 책을 읽고 있습니다.

言う : 말하다

思う : 생각하다

メモ

毎日 早く 起きる。 매일 일찍 일어납니다.

1. ~く

> 早い → 早く : 빠르게, 빨리   大きい → 大きく : 크게
> 遅い → 遅く : 느리게, 늦게   小さい → 小さく : 작게

주 형용사 く형은 '~하게'의 의미로 부사처럼 용언을 수식할 때 사용한다.
近くと 遠くと는 부사적 의미 외에 '근처' '먼 곳'과 같이 명사적 의미로도 사용된다.

기본형	~く형
楽しい : 즐겁다	楽しく : 즐겁게
嬉しい : 기쁘다	嬉しく : 기쁘게

(1) 毎日 朝 早く 家を 出ます。

▶ 매일 아침 일찍 집을 나옵니다.

(2) 普段より 美しく 見えます。

▶ 보통 때보다 ________ 보입니다.

(3) 언제나 바람이 강하게 붑니다.

▶ いつも 風が ________ 吹きます。

(4) 선생님의 소리가 잘 들립니다.

▶ 先生の 声が ________ 聞こえます。

普段 : 보통

見える : 보이다

声 : 목소리

聞こえる : 들리다

二人は 幸せに 暮す。 둘은 행복하게 산다.

2. ～に

> 静かだ → 静かに：조용히　　立派だ → 立派に：훌륭하게
>
> 単純だ → 単純に：단순히　　複雑だ → 複雑に：복잡하게

주 형용동사 に형은 '～하게'의 의미로 '형용사 く형'처럼 용언을 수식하는 부사적 의미로 사용된다.

(1) 試合は みごとに 勝ちました。

시합은 멋지게 이겼습니다.

(2) 目標を りっぱに 達成しました。

목표를 ________ 달성했습니다.

(3) 방은 언제나 깨끗이 청소합니다.

部屋は いつも ________ 掃除します。

(4) 환경문제를 진지하게 생각합시다.

 環境問題を ________ 考えましょう。

複雑だ：복잡하다
見事だ：멋지다
目標：목표
達成：달성
掃除：청소
環境：환경
真剣だ：진지하다
考える：생각하다

メモ

彼は 勉強も するし、仕事も する。　그는 공부도 하고, 일도 한다.

3. ～(する)し

> 広い(広いです)し、青いです　　　　　：넓고 푸릅니다
>
> 安全だ(安全です)し、早いです　　　　：안전하고 빠릅니다
>
> お金もある(あります)し、時間もあります：돈도 있고 시간도 있습니다

주 し는 '～하고'의 의미로 술어 종지형에 붙여 술어를 열거할 때 사용한다. ～し 앞에는
보통체나 정중체가 다 올 수 있다.

(1) 彼女は きれいだ(きれいです)し、心も 優しいです。

　　▶ 그녀는 예쁘고 마음도 착합니다.

(2) キムチは おいしい(おいしいです)し、健康にも いいです。

　　▶ 김치는 __________ 건강에도 좋습니다.

(3) 그는 공부도 하고 밤에는 일도 합니다.

　　▶ 彼は 勉強も ____ ‖ __________ 夜は 仕事も します。

(4) 학교에서 영어도 배우고 중국어도 배웁니다.

　　▶ 学校で 英語も ____ ‖ __________ 中国語も 習います。

健康：건강

これを キムチと 言_いいます。 이것을 김치라고 합니다.

4. ～と

> 事実_{じじつ}だと 思_{おも}います ：사실이라고 생각합니다
>
> いいと 言_いいます ：좋다고 말합니다
>
> 立派_{りっぱ}だと 思_{おも}います ：훌륭하다고 생각합니다
>
> 来_くると 言_いいます ：온다고 말합니다

주 と는 '～(라)고'의 의미로 문을 인용하는 경우에 사용한다.

(1) 住民_{じゅうみん}の 声_{こえ}は 反対_{はんたい}だと 読_よみました。

　　 주민의 소리는 반대라고 읽었습니다.

(2) 彼女_{かのじょ}は 会社_{かいしゃ}の 営業担当_{えいぎょうたんとう}だと 聞_ききました。

　　 그녀는 회사의 영업담당 ________.

(3) 정부의 의견은 옳지 않다고 생각합니다.

　　 政府_{せいふ}の 意見_{いけん}は 正_{ただ}しくない ________。

(4) 일본 한자로는 미국을 米国이라고 씁니다.

　　 日本_{にほん}の 漢字_{かんじ}では アメリカを 米国_{べいこく} ________。

住民_{じゅうみん}：주민

反対_{はんたい}：반대

営業_{えいぎょう}：영업

担当_{たんとう}：담당

意見_{いけん}：의견

正_{ただ}しい：바르다

漢字_{かんじ}：한자

アメリカ：미국

米国_{べいこく}：미국

花が 咲いて 綺麗です。 꽃이 피어 아름답습니다.

5. ～て

> 咲く：피다 → 咲いて：피고/피어　　死ぬ：죽다 → 死んで：죽고/죽어
>
> 着る：입다 → 着て：입고/입어　　食べる：먹다 → 食べて：먹고/먹어

■ **접속** : 동사 연용형(音便形)＋て

동사 종류	기본형	활용[동사 연용형＋て⇒音便]		
		연용형 ＋ て	音便	의 미
오단동사	あう	あい ＋ て	あって	만나고/만나
	きく	きき ＋ て	きいて	듣고/들어
	つぐ	つぎ ＋ て	ついで	잇고/이어
	けす	けし ＋ て	けして	지우고/지워
	もつ	もち ＋ て	もって	들고/들어
	しぬ	しに ＋ て	しんで	죽고/죽어
	よぶ	よび ＋ て	よんで	부르고/불러
	のむ	のみ ＋ て	のんで	마시고/마셔
	わる	わり ＋ て	わって	나누고/나누어
상일단동사	みる	み ＋ て	みて	보고/보아
하일단동사	ねる	ね ＋ て	ねて	자고/자
か変 동사	くる	き ＋ て	きて	오고/와
さ変 동사	する	し ＋ て	して	하고/하여

■ **의미** : ～(하)고/(하)며/(해)서

■ **용법** : て형은 동사 연용형(音便形)에 접속하여 만들어지는 것으로, 문 속에서 구나 절을 일시 중지시켜, 문과 문 또는 동사와 동사를 대등 또는 수식하는 관계로 연결하는 기능을 한다. <하고/하며/해서> 등의 의미 외에 문을 일시 중지시킬 때 사용하는 많은 한국어에 대응한다.

(1) 彼女は 白い 服を 着て 来ました。

　그녀는 흰옷을 입고 왔습니다.

(2) 風邪を ひいて 病院に 行きました。

 감기에 _______ 병원에 갔습니다.

(3) 영화를 보고 슬퍼서 울었습니다.

　映画を _______ 悲しくて 泣きました。

(4) 커피를 마시고 일을 계속했습니다.

　コーヒーを _______ 仕事を 続けました。

白い：희다

服：옷

着る：입다

風邪：감기

引く：끌다, (감기) 걸리다

病院：병원

悲しい：슬프다

泣く：울다

コーヒー：커피

続ける：계속하다

メモ

※**音便** : 연속되는 음이 발음하기 쉽게 변하는 현상을 말한다. 동사에는 오단동사의 연용형에 て나 과거형어미 た가 접속할 때 일어나는 <イ音便>, <促音便>, <撥音便>이 있다.

イ音便	咲く(피다)	さきて ➡ さいて (피고/피어)
		さきた ➡ さいた (피었다)
	次ぐ(잇다)	つぎて ➡ ついで (잇고/이어)
		つぎた ➡ ついだ (이었다)

(1) 〔咲く〕 庭には 花が 咲いて きれいです。

     ▶ 정원에는 꽃이 피어 아름답습니다.

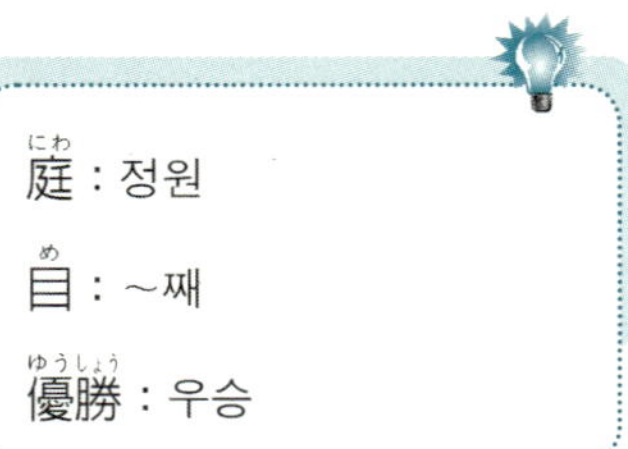

(2) 〔次ぐ〕 去年に 次いで 二回目の 優勝です。

     ▶ 작년에 이어 두 번째 우승입니다.

促音便	買う(사다)	かいて ➡ かって(사고/사서)
		かいた ➡ かった(샀다)
	持つ(들다)	もちて ➡ もって(들고/들어)
		もちた ➡ もった(들었다)
	乗る(타다)	のりて ➡ のって(타고/타서)
		のりた ➡ のった(탔다)

(3) 〔買う〕 八百屋で 野菜を 買って きました。

     ▶ 야채가게에서 야채를 사 왔습니다.

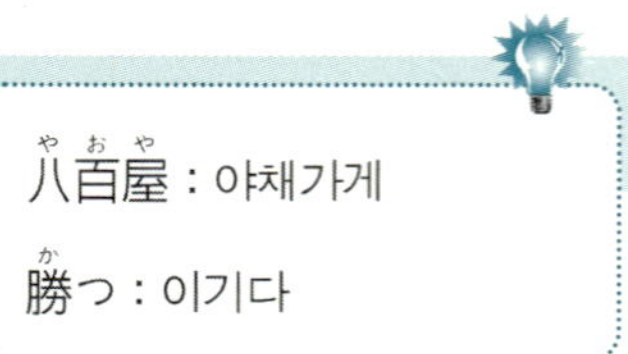

(4) 〔勝つ〕 韓国が 勝って とても 嬉しいです。

     ▶ 한국이 이겨서 매우 기쁩니다.

(5) 〔乗る〕 東京までは 電車に 乗って 行きます。

▶ 동경까지는 전철을 타고 갑니다.

> 行く(가다)는 예외적으로 行いて가 아니라 行って로 변화한다.
> 行く : 行って(가고/가서) ‖ 行った(갔다)

(6) 〔行く〕 デパートに 行って 買物を しました。

▶ 백화점에 가서 쇼핑을 했습니다.

撥音便	死ぬ(죽다)	しにて ➡ しんで(죽고/죽어)
		しにた ➡ しんだ(죽었다)
	飛ぶ(날다)	とびて ➡ とんで(날고/날아)
		とびた ➡ とんだ(날았다)
	読む(읽다)	よみて ➡ よんで(읽고/읽어)
		よみた ➡ よんだ(읽었다)

(7) 〔死ぬ〕 事件は 一人が 死んで 終わりました。

▶ 사건은 한 사람이 죽고 끝났습니다.

(8) 〔呼ぶ〕 友達を 呼んで 一緒に 勉強しました。

▶ 친구를 불러 함께 공부했습니다.

(9) 〔飲む〕 お酒を 飲んで 遅くまで 遊びました。

▶ 술을 마시고 늦게까지 놀았습니다.

事件 : 사건

呼ぶ : 부르다

133

6. 〜ている

> 咲く：피다 → 咲いている：피고/피어 있다
>
> 死ぬ：죽다 → 死んでいる：죽고/죽어 있다
>
> 座る：앉다 → 座っている：앉고/앉아 있다

주 ている는 '〜고 있다/어 있다'의 의미로 현재를 나타낸다. する는 현재의 동작을 나타내지 않으므로 현재의 구체적 동작에는 반드시 ている를 사용한다.

(1) 彼からの 返事を 待っています。

▶ 그로부터의 답을 기다리고 있습니다.

(2) 彼女は 日本の 小説を 読んでいます。

▶ 그녀는 일본 소설을 _________.

(3) 동경과 大阪는 꽤 떨어져 있습니다.

▶ 東京と 大阪は かなり 離れて います。

(4) 아까부터 교실 밖에서 서 있었습니다.

▶ さっきから 教室の 外で _________。

座る：앉다

返事：답장

大阪：오오사까

離れる：떨어지다

さっき：아까

立つ：서다

MEMO

📝 학습내용

---

(1) 私は 牛乳を 飲まない。

▶ 나는 우유를 마시지 않는다.

彼は 煙草を 吸わない。

▶ 그는 담배를 피지 않는다.

(2) 彼は 勉強しか 知りません。

▶ 그는 공부밖에 모릅니다.

道は これしか ありません。

▶ 길은 이것밖에 없습니다.

(3) 友達を 作るのは 大事です。

▶ 친구를 만드는 일은 중요합니다.

一人で 暮すのも 悪くないです。

▶ 혼자 생활하는 것도 나쁘지 않습니다.

煙草 : 담배

吸う : 피우다

知る : 알다

道 : 길

作る : 만들다

---

(4) 朝は ジュースだけで 充分です。

 아침은 주스만으로 충분합니다.

彼女の 住所だけは 知っています。

그녀의 주소만은 알고 있습니다.

(5) 地震が 起きる ことも あります。

지진이 일어나는 일도 있습니다.

彼に 電話する ことを 忘れました。

그에게 전화하는 것을 잊었습니다.

(6) これは 研究に 必要な ものです。

이것은 연구에 필요한 것입니다.

選挙と いうものは 国民の 責務です。

선거라고 하는 것은 국민의 책무이다.

充分だ : 충분하다	
住所 : 주소	
地震 : 지진	
忘れる : 잊다	
研究 : 연구	
必要だ : 필요하다	
選挙 : 선거	
責務 : 책무	

メモ

私は 牛乳を 飲まない。 나는 우유를 마시지 않는다.

1. ～ない

> 買わない : 사지 않는다/사지 않겠다   行かない : 가지 않는다/가지 않겠다
>
> 見ない : 보지 않는다/보지 않겠다   寝ない : 자지 않는다/자지 않겠다

주 ない는 '～하지 않는다/않겠다'의 의미로, 미연형(あ단)에 접속하며 부정을 나타낸다. 정중형에는 ないです를 사용하며 ません과 그 의미가 같다.

(1) 若者は 本を あまり 読まない。

▶ 젊은이는 책을 그다지 읽지 않는다.

(2) 最近は 仕事が 早く 終わらない。

▶ 최근에는 일이 빨리 ________.

(3) 두 번 다시 그 나라는 가지 않겠다.

▶ 二度と その 国は ________。

(4) 앞으로는 절대로 그림을 그리지 않겠다.

▶ これからは 絶対 絵を ________。

若者 : 젊은이
二度と : 두 번 다시
これから : 앞으로
絶対 : 절대
絵 : 그림

彼は 勉強しか 知りません。　그는 공부밖에 모릅니다.

2. ～しか ～ない

> 電車しか ありません　：전철밖에 없습니다
>
> 勉強しか 知りません　：공부밖에 모릅니다
>
> ビールしか 飲みません：맥주밖에 안 마십니다
>
> すこししか 寝ません　：조금밖에 자지 않습니다

주 ～しか ～ないは '～밖에 ～(하)지 않는다'의 의미를 나타낸다.

(1) 彼は 勉強しか しません。

▶ 그는 공부밖에 하지 않습니다.

(2) 私は あなたしか 愛しません。

▶ 나는 당신 ＿＿＿＿＿＿＿.

(3) 그녀는 맥주밖에 마시지 않습니다.

▶ 彼女は ビール ＿＿＿＿＿＿＿。

(4) 텔레비전은 주말밖에 보지 않습니다.

▶ テレビは 週末 ＿＿＿＿＿＿＿。

ビール : 맥주

愛する : 사랑하다

3. ～の

> 買う のは : 사는 것은   見る のが : 보는 것이
>
> 寝る のも : 자는 것도   来る のを : 오는 것을

주 のは '～것'의 의미로 앞 문장(절)을 받아 그 전체를 명사처럼 나타낸다.

(1) ニュースを 聞くのは 必要です。

뉴스를 듣는 것은 필요합니다.

(2) 野菜を たくさん 食べるのも いいです。

야채를 많이 먹는 ___도 좋습니다.

(3) 외국에 가보는 것도 공부의 하나입니다.

 外国に ________も 勉強の 一つです。

触る : 만지다

だめだ : 안 된다

(4) 만지는 것은 안 되지만, 보는 것은 괜찮습니다.

________は だめですが、________は いいです。

メモ ....

4. 〜だけ

> 水だけ：물만　　　　漫画だけ：만화만
>
> 家だけ：집뿐　　　　学生だけ：학생뿐

주 だけ는 '만/뿐'의 의미로 한정을 나타낸다.

(1) 朝は 牛乳だけを 飲みます。

　　▶ 아침은 우유만을 마십니다.

(2) 薬だけで 病気が 治りました。

　　▶ ________ 병이 나았습니다.

(3) 아직 희망만은 버리지 않습니다.

　　▶ まだ ________ は 捨てません。

(4) 그녀와 만나는 것은 일요일뿐입니다.

　　▶ 彼女と 会うのは ________ です。

水：물

病気：병

治る：낫다

希望：희망

捨る：버리다

メモ

5. ～こと

> いい こと：좋은 일　　書く こと：쓰는 일　　言う こと：말할 것
> 悪い こと：나쁜 일　　会う こと：만날 일　　見る こと：보는 것

🔲 ことは 〜것/일의 의미로 구체적인 일이나, 형식명사로서 사건/사태 또는 동작/행위 등을 나타내는 앞 문장을 받아 명사상당어구로 만드는 경우에 사용한다.

(1) 私は する ことが あまり ありません。

　▶ 나는 할 일이 그다지 없습니다.

(2) これは お客さんを 騙す ことでしょう。

　▶ 이것은 손님을 ＿＿＿＿ 일 것입니다.

(3) 해서 좋은 일과 나쁜 일이 있습니다.

　▶ して ＿＿＿＿と ＿＿＿＿ が あります。

(4) 彼に 早く 帰って ＿＿＿＿を 指示しました。

　▶ 그에게 빨리 돌아올 것을 지시했습니다.

騙す：속이다
指示：지시

メモ ･･･

6. ～もの

> 新（あたら）しいもの : 새로운 것　　歴史（れきし）というもの : 역사라고 하는 것
>
> 有名（ゆうめい）なもの : 유명한 것　　文学（ぶんがく）というもの : 문학이라고 하는 것

주 ものは ～것의 의미로 구체적인 물건이나 감각적 또는 추상적인 어떤 대상을 나타내는 경우에 사용한다.

(1) この 食（た）べ物（もの）は 何（なん）と いう ものですか。

　　이 음식은 뭐라고 하는 것입니까?

(2) ここに ない ものは 一（ひと）つも ありません。

　　여기에 ________은 하나도 없습니다.

(3) 이 물건은 매일 들어오는 것입니다.

　　この 品物（しなもの）は 毎日（まいにち） 入（はい）って くる ________。

(4) 문제는 그다지 어려운 것이 아닙니다.

　　問題（もんだい）は そんなに 難（むずか）しい ____________。

歴史（れきし） : 역사

文学（ぶんがく） : 문학

ない : 없다

 メモ 

■ **가족을 나타내는 말**

가 족 관 계	자기 가족끼리	남 가족을 칭할 때	자기 가족을 남에게
할아버지	おじいさん	おじいさん	そふ (祖父)
할머니	おばあさん	おばあさん	そぼ (祖母)
아버지	おとうさん	おとうさん	ちち (父)
어머니	おかあさん	おかあさん	はは (母)
형/오빠	おにいさん	おにいさん	あに (兄)
누나/언니	おねえさん	おねえさん	あね (姉)
남동생	이름	おとうとさん	おとうと (弟)
여동생	이름	いもうとさん	いもうと (妹)
부모의 남자형제	おじさん	おじさん	おじ (叔父・伯父)
부모의 여자형제	おばさん	おばさん	おば (叔母・伯母)

メモ

■ 소개

A : はじめまして。　　　　　　　　　　　처음 뵙겠습니다.
　　○○○と　もうします。　　　　　　　○○○라고 합니다.
B : はじめまして。　　　　　　　　　　　처음 뵙겠습니다.
　　○○○と　もうします。　　　　　　　○○○라고 합니다.
A : よろしく　お願いします。　　　　　　잘 부탁드립니다.
B : こちらこそ　よろしく　お願いします。　저야말로 잘 부탁드립니다.

■ 인사 (만남과 헤어짐)

• 만났을 때　〈아침인사〉おはようございます。　(안녕하십니까!)
　　　　　　　　　　　　　　おはよう。　　　　　(안녕!)
　　　　　　　〈점심인사〉こんにちは。　　　　(안녕/안녕하십니까!)
　　　　　　　〈저녁인사〉こんばんは。　　　　(안녕/안녕하십니까!)

• 헤어질 때　それじゃ、また。(=じゃ、また。)　(자 그러면 또.)
　　　　　　　それじゃ、ね。 (=じゃ、ね。)　(자 그러면.)
　　　　　　　さようなら。　　　　　　　　(안녕히 계세요/가세요.)
　　　　　　　失礼します。　　　　　　　　(실례하겠습니다. 안녕히 계십시오/
　　　　　　　　　　　　　　　　　　　　　가십시오.)

■ 인사 (예절)

• ありがとうございます。　　　　　　　　고맙습니다.
• おめでとうございます。　　　　　　　　축하합니다.
• すみません。　　　　　　　　　　　　　미안합니다. 고맙습니다.
• ごめんなさい。　　　　　　　　　　　　미안합니다. 죄송합니다.
• とんでもありません。　　　　　　　　　천만에요.

1 다음을 히라가나로 쓰시오.

1. 事実 :
2. 週末 :
3. 教室 :
4. 野菜 :
5. 公園 :
6. 映画 :
7. 毎日 :
8. 漢字 :
9. 若者 :
10. 牛乳 :

2 다음을 한자로 쓰시오.

1. でんわ :
2. かいぎ :
3. へや :
4. じかん :
5. しけん :
6. りょこう :
7. しごと :
8. せいふ :
9. さいきん :
10. もんだい :

3 다음에서 한자의 읽기가 틀린 곳을 바르게 고치시오.

1. 夜は 怖くて 外へ 出ません。

2. 大学と 社会は かなり 違います。

3. 彼女は 週末に 旅行に 行く 予定です。

4. 私は 仕事も するし、夜は 運動も します。

5. 朝は 牛乳だけを 飲みます。

4 다음 밑줄 친 부분을 바르게 고치시오.

1. 学校までは いつも 電車<u>に</u> 来ます。

2. 最近<u>には</u> 仕事が 多くて 時間が ありません。

3. 昨日 私は 手紙を 書きません<u>です</u>。

4. 彼女は <u>きれいし</u>、頭も いいです。

5. これから 絶対 コンサートには <u>行きない</u>。

5 보기의 단어를 이용하여 다음 문을 완성하시오.

보기 : で　ましょう　ました　ません　や　から　まで　しか

1. 東京부터 大阪까지는 新幹線으로 간다.
   - ▶ 東京 (　　) 大阪 (　　) は 新幹線 (　　) 行く。

2. 방안에는 아무도 없습니다.
   - ▶ 部屋の 中には 誰も い (　　)。

3. 그의 얼굴은 신문에서 보았습니다.
   - ▶ 彼の 顔は 新聞 (　　) 見 (　　)。

4. 개랑 고양이밖에 없습니다.
   - ▶ 犬 (　　) 猫 (　　) い (　　)。

5. 이번 주 토요일에 갑시다.
   - ▶ 今週の 土曜日に 行き (　　)。

6 주어진 단어를 이용하여 다음 문을 일본어로 쓰시오.

1. 가끔 그와 차를 마십니다. (たまに, 彼, お茶, 飲む)

   ▶ (   )

2. 한국이랑 일본은 아시아에 있습니다. (韓国, 日本, アジア, ある)

   ▶ (   )

3. 오늘 밤 방에서 비디오를 봅니다. (今夜, 部屋, ビデオ, 見る)

   ▶ (   )

4. 밖에는 눈이 내리고 있습니다. (外, 雪, 降る)

   ▶ (   )

5. 일요일은 휴일이기 때문에 학교에 가지 않습니다. (日曜日, 休み, 学校, 行く)

   ▶ (   )

❖ 종합연습 Ⅰ

1
1. 学生 : がくせい　　2. 銀行 : ぎんこう　　3. 会社 : かいしゃ
4. 果物 : くだもの　　5. 韓国 : かんこく　　6. 梅雨 : つゆ
7. 田舎 : いなか　　　8. 有名 : ゆうめい　　9. 便利 : べんり
10. 生活 : せいかつ

2
1. みせ : 店　　　　　2. あした : 明日　　3. えき : 駅
4. わたし : 私　　　　5. なつ : 夏　　　　6. てんき : 天気
7. あさ : 後　　　　　8. だいがく : 大学　　9. ことし : 今年
10. とき : 時

3
1. 数学の 問題は 難しいです。　　2. 彼と 私は 友達です。
3. 日本の 夏は とても 暑いです。　4. 会社が 近いですから 便利です。
5. 電車は 速くて 不便ではありません。

4
1. 今日は 休みではありません。　　2. あそこは むかし 川でした。
3. これは おもしろい 本です。　　　4. 冬は, 寒いが、夏は 暑いです。
5. 会社の 中は 広くない。

5
1. 그녀는 나의 친구입니다.　　　　　⇨　彼女（ は ）私の 友達（ です ）。
2. 회사도 오늘은 휴일이었습니다.　　⇨　会社（ も ）今日は 休み（ でした ）。
3. 한국과 일본은 가까운 나라입니다.　⇨　韓国（ と ）日本は 近い国（ です ）。
4. 동경의 전철은 불편하지 않습니다.　⇨　東京（ の ）電車（ は ）不便では（ ありません ）。
5. 나의 회사는 넓지 않습니다.　　　　⇨　私（ の ）会社は 広く（ ありません ）。

6
1. 가게는 저쪽입니다.　　　　　　　⇨　店は あそこです。
2. 그는 학생이 아닙니다.　　　　　　⇨　彼は 学生では ありません。
3. 한국의 겨울은 춥습니다.　　　　　⇨　韓国の 冬は 寒いです。
4. 회사 주위는 조용합니다.　　　　　⇨　会社の 回りは 静かです。
5. 영어 문제는 어렵지 않습니다.　　　⇨　英語の 問題は 難しく ありません。

❖ 종합연습 Ⅱ

1
1. 事実 : じじつ
2. 週末 : しゅうまつ
3. 教室 : きょうしつ
4. 野菜 : やさい
5. 公園 : こうえん
6. 映画 : えいが
7. 毎日 : まいにち
8. 漢字 : かんじ
9. 若者 : わかもの
10. 牛乳 : ぎゅうにゅう

2
1. でんわ : 電話
2. かいぎ : 会議
3. へや : 部屋
4. じかん : 時間
5. しけん : 試験
6. りょこう : 旅行
7. しごと : 仕事
8. せいふ : 政府
9. さいきん : 最近
10. もんだい : 問題

3
1. 夜は 怖くて 外へ 出ません。
2. 大学と 社会は かなり 違います。
3. 彼女は 週末に 旅行に 行く 予定です。
4. 私は 仕事も するし、夜は 運動も します。
5. 朝は 生乳だけを 飲みます。

4
1. 学校までは いつも 電車で 来ます。
2. 最近は 仕事が 多くて 時間が ありません。
3. 昨日 私は 手紙を 書きませんでした。
4. 彼女は きれいだし、頭もいいです。
5. これから 絶対 コンサートには 行かない。

5
1. 東京부터 大阪까지는 신칸센으로 간다. ⇨ 東京 (から) 大阪 (まで) は 新幹線 (で) 行く。
2. 방 안에는 아무도 없습니다. ⇨ 部屋の 中には 誰も い (ません)。
3. 그의 얼굴은 신문에서 보았습니다. ⇨ 彼の 顔は 新聞 (で) 見 (ました)。
4. 개랑 고양이밖에 없습니다. ⇨ 犬 (や) 猫 (しか) い (ません)。
5. 이번 주 토요일에 갑시다. ⇨ 今週の 土曜日に 行き (ましょう)。

6
1. 가끔 그와 차를 마십니다.
   ⇨ たまに 彼と お茶を 飲みます。
2. 한국이랑 일본은 아시아에 있습니다.
   ⇨ 韓国や 日本は アジアに あります。
3. 오늘 밤 방에서 비디오를 봅니다.
   ⇨ 今夜、部屋で ビデオを 見ます。
4. 밖에는 눈이 내리고 있습니다.
   ⇨ 外には 雪が 降って います。
5. 일요일은 휴일이기 때문에 학교에 가지 않습니다.
   ⇨ 日曜日は 休みですから、学校へ 行きません。

あ

あいする (愛する) : 사랑하다/139
あう (会う) : 만나다/114
あおい (青い) : 파랗다, 푸르다/60
あがる (上がる) : 오르다/91
あき (秋) : 가을/58
あきらかだ (明らかだ) : 명확하다/78
あさ (朝) : 아침/62
あさって (明後日) : 모레/51
あした (明日) : 내일/39
あそこ : 저기/41
あそぶ (遊ぶ) : 놀다/115
あたたかい (暖かい) : 따뜻하다/65
あたま (頭) : 머리/56
あちら : 저쪽(=あっち)/54
あつい (暑い) : 덥다/56
あなた : 당신/54
あに (兄) : 형, 오빠/108
あの : 저~/54
あね (姉) : 누나, 언니/108
あまり : 그다지/72
あめ (雨) : 비/56
アメリカ (America) : 미국/129
ある : 있다/92
あれ : 저것/54
あるく (歩く) : 걷다/112
あんぜんだ (安全だ) : 안전하다/66

い

いい : 좋다/56

いう (言う) : 말하다/125
いえ (家) : 집(=うち)/48
いく (行く) : 가다/86
いけ (池) : 연못/105
いけん (意見) : 의견/129
いそがしい (忙しい) : 바쁘다/65
いち (一) : 일/100
いちにち (一日) : 하루, 일일/119
いちにちじゅう (一日中) : 하루 종일/113
いちねんせい (一年生) : 일학년/120
いつ : 언제/25
いつか (五日) : 5일/122
いっかい (一回) : 한번/118
いっしょに (一緒に) : 함께/116
いつつ (五つ) : 다섯, 다섯 개/100
いつも : 항상, 언제나/94
いなか (田舎) : 시골/59
いぬ (犬) : 개/59
いま (今) : 지금/106
いもうと (妹) : 여동생/144
いる (居る) : 있다/91

う

うける (受ける) : 받다, (시험)보다/114
うそ : 거짓말/47
うた (歌) : 노래/87
うたう (歌う) : 노래하다/87
うち (家) : 집 (=いえ)/48
うつくしい (美しい) : 아름답다/57
うみ (海) : 바다/47

うれしい (嬉しい) : 기쁘다/126
うんどう (運動) : 운동/103

え

え (絵) : 그림/138
えいが (映画) : 영화/34
えいぎょう (営業) : 영업/129
えいご (英語) : 영어/46
えき (駅) : 역/46
えんげき (演劇) : 연극/117

お

おいしい : 맛있다/73
おおい (多い) : 많다/56
おおきい (大きい) : 크다/72
おおさか(大阪) : 오오사까/134
おかあさん (お母さん) : 어머니/144
おきゃくさん(お客さん) : 손님/81
おきる (起きる) : 일어나다/97
おくる (送る) : 보내다/87
おじ (叔父, 伯父) : 아저씨, 숙부, 삼촌/144
おじさん : 아저씨, 숙부, 삼촌/144
おじいさん (お祖父さん) : 할아버지/144
おす (押す) : 밀다/89
おそい (遅い) : 늦다/58
おとうさん (お父さん) : 아버지/144
おとうと (弟) : 남동생/144
おとこ (男) : 남자/108
おととい : 그제/71
おととし : 재작년/71
おどり (踊り) : 춤/103
おにいさん (お兄さん) : 형, 오빠/144
おねえさん (お姉さん) : 누나, 언니/144
おば (叔母, 伯母) : 아줌마, 숙모/144
おばさん : 아줌마, 숙모/144

おばあさん (お祖母さん) : 할머니/144
おもう (思う) : 생각하다/125
おもしろい (面白い) : 재미있다/56
おわる (終わる) : 끝나다/93
おんがく (音楽) : 음악/87
おんな (女) : 여자/108

か

かいぎ (会議) : 회의/51
がいこく (外国) : 외국/140
がいこくご (外国語) : 외국어/112
かいしゃ (会社) : 회사/41
かいもの (買い物) : 쇼핑, 물건사기/115
かう (買う) : 사다/132
かえる (帰る) : 돌아가다, 돌아오다/102
かく (書く) : 쓰다/88
かぐ (嗅ぐ) : 냄새 맡다/88
がくせい (学生) : 학생/38
がけつ(個月) : ~개월, 달/123
かける : 걸다/87
かぜ (風) : 바람/59
かぜ (風邪) : 감기/131
かしゅ (歌手) : 가수/43
カタカナ(片仮名) : 카따까나/57
かつ (勝つ) : 이기다/132
がつ (月) : ~월/92
がっき (楽器) : 악기/95
がっこう (学校) : 학교/65
かなしい (悲しい) : 슬프다/131
かならず (必ず) : 반드시/97
かなり : 상당히/60
かのじょ (彼女) : 그녀/54
かよう (通う) : 다니다/87
かようび (火曜日) : 화요일/71
からい (辛い) : 맵다/76

からだ (体) : 몸/69
かれ (彼) : 그/54
かわ (川) : 강/81
かんがえる (考える) : 생각하다/127
かんきょう (環境) : 환경/127
かんこく (韓国) : 한국/38
かんこくじん (韓国人) : 한국인/67
かんじ (漢字) : 한자/129

き

きおん (気温) : 기온/61
きかい (機械) : 기계/66
きく (聞く) : 듣다/87
きこえる (聞こえる) : 들리다/126
きのう (昨日) : 어제/52
きぼう (希望) : 희망/141
きみ (君) : 너/54
キムチ : 김치/50
きゅう (九) : 구(＝く)/100
ぎゅうにゅう (牛乳) : 우유/87
きょう (今日) : 오늘/71
きょうしつ (教室) : 교실/102
きょねん (去年) : 작년/71
きらいだ (嫌いだ) : 싫어하다/80
きる (着る) : 입다/131
きれいだ : 아름답다, 깨끗하다/64
ぎんこう (銀行) : 은행/38
きんようび (金曜日) : 금요일/71

く

く (九) : 구(＝きゅう)/100
くうき (空気) : 공기/62
くすり (薬) : 약/44
くだもの (果物) : 과일/51
くに (国) : 나라/60

くらす (暮らす) : 살다/124
くる (来る) : 오다/86
くるま (車) : 차/67

け

けいけん (経験) : 경험/68
けしき (景色) : 경치/66
けっか (結果) : 결과/87
けっせき (欠席) : 결석/52
げつようび (月曜日) : 월요일/71
げんきだ (元気だ) : 건강하다/67
けんきゅう (研究) : 연구/137
けんこう (健康) : 건강/128

こ

ご (五) : 오/100
こい : 잉어/104
こうえん (公園) : 공원/112
こうつう (交通) : 교통/72
こうどう (行動) : 행동/62
こうはい (後輩) : 후배/46
こえ (声) : 목소리/126
コーヒー (Coffee) : 커피/131
こくみん (国民) : 국민/79
ここ : 여기/38
ここのか (九日) : 9일/122
ここのつ (九つ) : 아홉, 아홉 개/100
こころ (心) : 마음/92
こちら : 이쪽(＝こっち)/54
ことし (今年) : 금년, 올해/71
ことば (言葉) : 말/104
こども (子供) : 아이/105
この : 이~/54
このごろ (この頃) : 요즘/80
ごはん (ご飯) : 밥/97

これ : 이것/54
こわい (怖い) : 무섭다/59
こんげつ (今月) : 이번달/71
こんしゅう (今週) : 이번주/71
コンサート (Concert) : 콘써트, 음악회/147
コンピュータ (Compurter) : 컴퓨터/81

さ

さいきん (最近) : 최근/81
さがす (探す) : 찾다/116
さかな (魚) : 물고기/81
さく (咲く) : (꽃이) 피다/86
さくひん (作品) : 작품/67
さけ (酒) : 술/98
さっき : 아까, 조금 전/134
ざっし (雑誌) : 잡지/108
さむい (寒い) : 춥다/59
さらいげつ (再来月) : 다다음달/71
さらいしゅう (再来週) : 다다음주/71
さらいねん (再来年) : 내후년/71
さわやかだ (爽やかだ) : 상쾌하다/66
さわる (触る) : 만지다/140
さん (三) : 삼/100
さん : ～씨/49

し

し (四) : 사(=よん, よ)/100
じ (時) : 시/86
しあい (試合) : 시합/70
しあわせ (幸せ) : 행복/92
しあわせだ (幸せだ) : 행복하다/81
じかん (時間) : 시간/106
じき (時期) : 시기/53
しけん (試験) : 시험/42
じけん (事件) : 사건/133

しごと (仕事) : 일/102
しじ (指示) : 지시/142
じじつ (事実) : 사실/39
じじょう (事情) : 사정/103
じしん (地震) : 지진/137
しずかだ (静かだ) : 조용하다/64
しち (七) : 칠(=なな)/100
じてんしゃ (自転車) : 자전거/94
しない (市内) : 시내/104
しなもの (品物) : 물건/118
しぬ (死ぬ) : 죽다/90
しばらく : 한동안, 잠시/96
しめきり (締め切り) : 마감/106
しゃいん (社員) : 사원/64
しゃちょう (社長) : 사장/47
じゅう (十) : 십/100
しゅうがくりょこう (修学旅行) : 수학여행/120
じゅうしょ (住所) : 주소/137
ジュース (Juice) : 주스/95
じゅうぶんだ (十分だ) : 충분하다/137
しゅうまつ (週末) : 주말/92
じゅうみん (住民) : 주민/129
じゅぎょう (授業) : 수업/110
しょうせつ (小説) : 소설/95
じょうぶだ (丈夫だ) : 튼튼하다/67
しょくどう (食堂) : 식당/42
しょるい (書類) : 서류/86
しる (知る) : 알다/136
しろい (白い) : 희다/131
しんかんせん (新幹線) : 일본의 고속철도/147
しんけんだ (真剣だ) : 진지하다/127
しんせつだ (親切だ) : 친절하다/64
しんぶん (新聞) : 신문/95
じんぶんけい (人文系) : 인문계/107
しんや (深夜) : 심야/103

す

すいようび (水曜日) : 수요일/71

すう (吸う) : 피우다/136

すうがく (数学) : 수학/46

すきだ (好きだ) : 좋아하다/81

すくない (少ない) : 적다/58

すこし (少し) : 조금/90

すずしい (涼しい) : 시원하다/58

すすむ (進む) : 나아가다/107

すてき (素敵だ) : 멋지다/67

すでに : 이미/53

する : 하다/89

すわる (座る) : 앉다/134

せ

せいかく (性格) : 성격/60

せいかつ (生活) : 생활/79

せいど (制度) : 제도/68

せいふ (政府) : 정부/78

せきむ (責務) : 책무/137

ぜったい (絶対) : 절대/98

せまい (狭い) : 좁다/70

せん (千) : 천/101

せんきょ (選挙) : 선거/137

せんげつ (先月) : 지난달/71

せんしゅう (先週) : 저번주/71

せんせい (先生) : 선생님/67

せんせんげつ (先々月) : 지지난달/71

せんせんしゅう (先々週) : 지지난주/71

ぜんぜん (全然) : 전혀, 전연/77

そ

そうじ (掃除) : 청소/127

ソウル (Seoul) : 서울/61

そこ : 그곳, 거기/54

そだつ (育つ) : 자라다/124

そちら : 그쪽(＝そっら)/54

そと (外) : 밖/115

その : 그~/54

そば : 곁, 옆/70

そふ (祖父) : 할아버지/144

そぼ (祖母) : 할머니/144

そら (空) : 하늘/60

それ : 그것/54

そんざい (存在) : 존재/91

た

だいがく (大学) : 대학/46

だいじ (大事だ) : 중요하다/67

だいじょうぶだ (大丈夫だ) : 괜찮다/108

たいど (態度) : 태도/79

たいふう (台風) : 태풍/106

たかい (高い) : 비싸다, 높다/57

たくさん : 많이/117

だす (出す) : 내다, 제출하다/86

ただしい (正しい) : 바르다/129

たっせい (達成) : 달성/127

たのしい (楽しい) : 즐겁다/120

たばこ (煙草) : 담배/136

たべもの (食べ物) : 음식/80

たべる (食べる) : 먹다/97

だます (騙す) : 속이다/142

たまに : 가끔/87

だめだ : 안되다/140

だれ : 누구/54

たんじゅんだ (単純だ) : 단순하다/66

たんじょうび (誕生日) : 생일/52

たんとう (担当) : 담당/129

ち

ちいさい (小さい) : 작다/69

ちがう (違う) : 다르다/109

ちかく (近く) : 근처/42

ちから (力) : 힘/69

ちち (父) : 아버지/144

ちゅうごく (中国) : 중국/102

ちゅうごくご (中国語) : 중국어/108

ちょう (蝶) : 나비/104

つ

ついたち (一日) : 1일/122

つぐ (次ぐ) : 잇다/132

つくる (作る) : 만들다/136

つづける (続ける) : 계속하다/131

つめたい (冷たい) : 차갑다/62

つゆ (梅雨) : 장마/51

つよい (強い) : 강하다, 세다/59

て

てがみ (手紙) : 편지/118

デパート (Department Store) : 백화점/115

でる (出る) : 나다, 나가다/98

テレビ (Television) : 텔레비전/103

てんき (天気) : 날씨/61

でんしゃ (電車) : 전철/57

でんわ (電話) : 전화/87

と

とお (十) : 열, 열개/100

とおい (遠い) : 멀다/60

とおか (十日) : 10일/122

とうきょう (東京) : 동경/61

とき (時) : ～때/47

としょかん (図書館) : 도서관/73

とち (土地) : 토지/53

どちら : 어느 쪽(＝どっち)/54

とても : 매우/62

どなた : 어느 분/54

どの : 어느/54

とぶ (飛ぶ) : 날다/133

ともだち (友達) : 친구/38

どようび (土曜日) : 토요일/71

どれ : 어느 것/54

ドラマ (Drama) : 드라마/114

な

ない : 없다/143

なおる (治る) : 낫다/141

なか (中) : 안, 속/48

ながれる (流れる) : 흐르다/107

なく (泣く) : 울다/131

なし : 배/51

なつ (夏) : 여름/51

なな (七) : 칠(＝しち)/100

ななつ (七つ) : 일곱, 일곱 개/100

なに (何) : 무엇 (＝なん)/118

なにも (何も) : 아무것도/118

なのか (七日) : 7일/122

ならう (習う) : 배우다/112

なん (何) : 무엇 (＝なに)/118

に

に (二) : 이/100

にぎやかだ (賑やかだ) : 활기차다/72

にち (日) : ～일/122

にちようび (日曜日) : 일요일/71

にどと (二度と) : 두 번 다시/138

にほん (日本) : 일본/51

にほんご (日本語) : 일본어/108
にほんじん (日本人) : 일본인/106
ニュース (News) : 뉴스/95
にわ (庭) : 정원/132
にん (人) : ～인/101
にんき (人気) : 인기/108

ね

ねこ (猫) : 고양이/105
ねる (寝る) : 자다/88

の

のむ (飲む) : 마시다/87
のる (乗る) : 타다/132

は

パーティー (Party) : 파티/113
はいゆう (俳優) : 배우/53
はいる (入る) : 들어가다/107
はげしい (激しい) : 심하다/124
はじまる (始まる) : 시작되다/92
ばしょ (場所) : 장소/47
バス (Bus) : 버스/57
はたらく (働く) : 일하다/117
はち (八) : 팔/100
はつか (二十日) : 20일/122
はな (花) : 꽃/86
はなし (話) : 이야기/53
はなす (話す) : 말하다/94
はなれる (離れる) : 떨어지다/134
はは (母) : 어머니/144
はやい (速い) : 빠르다, 이르다 (＝早い)/57
はる (春) : 봄/44
パン : 빵/95

は

はんたい (反対) : 반대/129

ひ

ひ (日) : 날, 일/72
ビール : 맥주/139
ひく (引く) : 끌다, (감기)걸리다/131
ひくい (低い) : 낮다/61
ひこうき (飛行機) : 비행기/57
ひつようだ (必要だ) : 필요하다/137
ひと (人) : 사람/60
ひとつ (一つ) : 하나, 한 개/38
ひとり (一人) : 한 사람, 혼자/101
ひま (暇) : 틈, 짬/80
ひやく (百) : 백/101
びょう (秒) : ～초/122
びょういん (病院) : 병원/131
びょうき (病気) : 병/141
ひる (昼) : 점심/115
ひろい (広い) : 넓다/56

ふ

ふく (服) : 옷/131
ふく (吹く) : 불다/114
ふくざつだ (複雜だ) : 복잡하다/127
ふたつ (二つ) : 둘, 두개/100
ふたり (二人) : 두 사람/101
ふだん (普段) : 보통/126
ふつか (二日) : 2일/122
ぶっか (物価) : 물가/58
ふね (船) : 배/57
ふべんだ (不便だ) : 불편하다/65
ふゆ (冬) : 겨울/56
ふる (降る) : 내리다/87
ふん (分) : 분(＝ぷん)/122
ふんいき (雰囲気) : 분위기/77

ぶんがく (文学) : 문학/143

へ

べいこく (米国) : 미국/129
へいじつ (平日) : 평일/81
へいわだ (平和だ) : 평화롭다/81
へや (部屋) : 방/56
べんきょう (勉強) : 공부/112
へんじ (返事) : 답장/134
べんりだ (便利だ) : 편리하다/64

ほ

ほう (方) : 쪽, 편/56
ほうこく (報告) : 보고/93
ほうしん (方針) : 방침/78
ほうほう (方法) : 방법/62
ぼく : 나/54
ほとんど : 거의/98
ほん (本) : 책/56
ほんや (本屋) : 서점, 책방/104

ま

まいにち (毎日) : 매일/87
まえ (前) : 전, 앞/46
まじめだ (真面目だ) : 성실하다/64
また : 또, 다시/90
まだ : 아직/53
まち (町) : 마을/68
まつ (待つ) : 기다리다/91
まつり (祭り) : 축제/72
まわり (回り) : 주위/64
まん (万) : 만/101
まんが (漫画) : 만화/95

み

みえる (見える) : 보이다/126
みごとだ (見事だ) : 멋지다/127
みず (水) : 물/141
みずうみ (湖) : 호수/107
みせ (店) : 가게/38
みち (道) : 길/136
みっか (三日) : 3일/122
みっつ (三つ) : 셋, 세 개/100
みなみ (南) : 남쪽/61
みる (見る) : 보다/87
みんな : 모두/64

む

むいか (六日) : 6일/122
むかし (昔) : 옛날/47
むこう (向こう) : 반대편, 상대방편/106
むずかしい (難しい) : 어렵다/57
むすめ (娘) : 딸/107
むっつ (六つ) : 여섯, 여섯 개/100

め

め (目) : ～째/132
めい (名) : ～명/101

も

もう : 벌써/62
もうしこむ (申し込む) : 신청하다/116
もくひょう (目標) : 목표/127
もくようび (木曜日) : 목요일/71
もつ (持つ) : 들다, 가지다/132
もどる (戻る) : 돌아오다/86
もんだい (問題) : 문제/38

や

やおや (八百屋) : 야채가게/132
やくそく (約束) : 약속/49
やさい (野菜) : 야채/108
やさしい (優しい) : 상냥하다, 착하다/60
やすい (安い) : 싸다/59
やすみ (休み) : 휴일/39
やすむ (休む) : 쉬다/97
やっつ (八つ) : 여덟, 여덟 개/100
やま (山) : 산/51
やめる : 그만두다/98

ゆ

ゆうしょう (優勝) : 우승/132
ゆうびん (郵便) : 우편/87
ゆうびんきょく (郵便局) : 우체국/50
ゆうめいだ (有名だ) : 유명하다/64
ゆうべ (夕べ) : 어젯밤/117
ゆうりだ (有利だ) : 유리하다/112
ゆき (雪) : 눈/102
ゆたかだ (豊かだ) : 풍요롭다/79
ゆっくり : 천천히/116

よ

よ (四) : 사(=し, よん)/100
ようか (八日) : 8일/122
ようじ (用事) : 일, 용무/104
よっか (四日) : 4일/122
よっつ (四つ) : 넷, 네 개/100
よぶ (呼ぶ) : 부르다/133
よむ (読む) : 읽다/88
よる (夜) : 밤, 저녁/87
よん (四) : 사(=し, よ)/100

ら

らいげつ (来月) : 다음달/71
らいしゅう (来週) : 다음주/71
らいねん (来年) : 내년/71

り

りょこう (旅行) : 여행/51
りっぱだ (立派だ) : 멋지다, 훌륭하다/67
りんご : 사과/51
りゅうがく (留学) : 유학/102
りゅうがくせい (留学生) : 유학생/102

る

るす (留守) : 부재중/47

れ

れきし (歴史) : 역사/143
レポート (Report) : 리포트/93
れんしゅう (練習) : 연습/77

ろ

ろく (六) : 육/100

わ

わかもの (若者) : 젊은이/138
わすれる (忘れる) : 잊다/137
わる (割る) : 나누다/96
わるい (悪い) : 나쁘다/60
わたし (私) : 나, 저(=わたくし)/54

동영상으로 배우는
일본어 입문

초판 1쇄 인쇄일 · 2006년 2월 10일

초판 1쇄 발행일 · 2006년 2월 20일

지은이 · 모세종

펴낸이 · 박영희

표　지 · 최은영

편　집 · 정유경, 최은경, 정지영

펴낸곳 · 도서출판 어문학사

132-891 서울시 도봉구 쌍문동 525-13

전화 (02) 998-0094　|　팩스 (02) 998-2268

E-mail : am@amhbook.com

URL : 어문학사

출판등록 : 2004년 4월 6일 제7-276호

ISBN　89-91222-35-8　18730

인지는
저자와의
합의하에
생략함

가격　10,000원

· 잘못된 책은 교환해드립니다.

『This book was published with support of INHA UNIVERSITY Research Grant.』